El Poder De La Mentoría

El regalo de Emma: El viaje de autodescubrimiento de Claire

Judy Robinson

Sobre el autor

Crecí siendo la tercera de cuatro hermanas en el estado de Washington. Como muchos, temía ser vulnerable y ser vista como débil. Sin embargo, es en esos momentos de vulnerabilidad e incomodidad cuando experimentamos el mayor crecimiento.

Me encantaron mis años de adolescencia -las amistades, la familia, la escuela, jugar al softball-, pero siempre sentí que me faltaba algo. Anhelaba una comunicación profunda, ser vista, escuchada y comprendida.

En nuestra familia, la comunicación solía ser superficial: "¿Qué hay para cenar? ¿Qué tal los Seahawks? ¿A qué hora es el partido de softball?". Yo anhelaba algo más profundo, alguien especial con quien hablar de los aspectos más profundos de la vida: navegar por la vida después del instituto, las relaciones, el universo y Dios.

Espero que este libro te ayude a no temer las "cosas difíciles" de la vida, sino a acogerlas y abrazarlas como una oportunidad para ampliar tus perspectivas y crecer como persona. También espero que te anime a usar tu voz, a expresar lo que piensas, a defenderte y a ser fiel a tu propia verdad, porque sólo tú sabes cuál es.

Dedicatoria

Este libro está dedicado a mi hija, Olivia, y a Dan, que ha traído una nueva luz a mi vida. Olivia, tu voz tiene el poder de inspirar a otros y crear un cambio duradero, y eso es algo que el dinero no puede comprar. Quiero que sepas que no hay otra voz como la tuya. El impacto que tiene puede durar muchos años y tocar innumerables vidas; no todo el mundo tiene esa oportunidad.

Dan, me has mostrado la belleza del amor y de la asociación en un nuevo capítulo de mi vida. Tu apoyo y tu compañía han sido un faro de esperanza y alegría. Juntos, los dos me recordáis la importancia del amor, del crecimiento y de abrazar el viaje de la vida.

¿Cuándo fue la última vez que tu corazón sonrió? Tu voz puede ayudarte a compartir tus pensamientos y opiniones, y puede influir profundamente en los demás. Al influir en los demás, les ayudas a ganar confianza y a emprender acciones positivas. Tu voz es un don que puede inspirar a otros, y ese impacto resonará durante muchos años.

125
ADT

Agradecimiento

Gracias a mi hija por inspirarme a escribir sobre vivir sin miedo y descubrir quién eres y qué tienes que decir en este mundo.

Conocerte a ti mismo, entender tus creencias y tener el valor de hablar cuando importa requiere fuerza, coraje y una inmersión profunda en tu corazón, alma y mente en busca de orientación.

Índice

Capítulo 1: Identificación de dificultades

No me he sentido segura ni cómoda en mi propia piel desde que tengo uso de razón. Evito relacionarme con la gente porque siempre me arrepiento de cómo interactúo con ellos.

Sin embargo, al vivir en un mundo lleno de gente, es casi imposible evitar relacionarse con los demás. Y lo que es más importante, no hay que evitarlo porque te ayuda a aprender sobre ti mismo y sobre los demás con el tiempo. Es necesario hablar y comunicar tus pensamientos y opiniones a las personas de tu vida para que te oigan, te vean y te entiendan.

Yo, Claire, he luchado por expresar mi opinión desde muy joven. Al pertenecer a una familia un tanto convencional, he sido la más callada de los niños. Somos tres hermanos, de los cuales yo soy la mediana. Mi hermana mayor, Eve, ha sido la niña favorita de la familia. La menor, Abby, es la niña más segura de sí misma y también la favorita.

Al ser la niña tímida e introvertida de la familia, siempre he tenido dificultades para expresar lo que necesitaba, quería o incluso pensaba.

Mis padres quieren mucho a todos sus hijos, pero como yo no era tan expresiva, me enfrentaba a prejuicios, incluso en las cosas más insignificantes.

Como he dicho, mis padres tienen su hijo favorito. Pero, ¿saben qué? Nunca fui su hijo favorito. Nunca le presté atención y hasta cierto punto no me molestó, pero en algún lugar de mi subconsciente me afectó el favoritismo que había en mi familia. Sabía que tenía que usar mi voz y decir lo que pensaba, pero no sabía muy bien cómo.

Siendo una niña sencilla y sin complicaciones desde muy pequeña, nadie se interesaba especialmente por mí. Nunca causé problemas ni molesté a mis padres. Siempre ayudaba a mis hermanos y a veces me las veía conmigo mismo por sus fechorías.

Era una de las alumnas más brillantes del colegio y siempre me iba bien. Sin embargo, sufrí algo de acoso escolar. Otros niños me llamaban nerd, se burlaban de lo sencillo que vestía y de lo estudiosa que era. Sin embargo, como nunca hacía mucho caso de las críticas, seguía con lo que tenía que hacer.

Pero supongo que al quedarme callada e ignorarlo todo, me exhibía como una cobarde, aunque sabía que no lo era. Mi cerebro simplemente procesaba de una manera que me pedía evitar cualquier situación problemática o ignorar cualquier cosa que me afectara emocionalmente.

Era una luminosa mañana de lunes. Ese día tenía un examen de ciencias para el que había estudiado a conciencia. Creía en mis capacidades y estaba segura de conocer las respuestas a todas las posibles preguntas que el profesor pudiera hacernos.

Eran las ocho de la mañana y entré en clase, preparada para el examen. Todos se acomodaron en sus pupitres en cuanto sonó el timbre. La Sra. Reid, nuestra profesora de ciencias, entró en el aula y ordenó su mesa.

La Sra. Reid cogió una tiza del pupitre y escribió la palabra QUIZ en la pizarra con letras mayúsculas. Todos los alumnos sabían que era hora de empezar. Yo estaba muy animada porque sabía que me había preparado bien para el examen.

La Sra. Reid anunció: "Empecemos".

Hizo la primera pregunta: "¿Cuál es el componente básico del cuerpo humano?".

Al oír esta pregunta, muchos alumnos levantaron la mano para responder. Yo también levanté la mano, esperando que la Sra. Reid se fijara en mí, pero, para mi consternación, otro niño respondió correctamente a la pregunta.

Ahora todos estaban listos para la segunda pregunta.

La Sra. Reid preguntó: "¿Cuántas cavidades tiene el corazón humano?".

Lo sabía. Sabía la respuesta, pero esta vez no levanté la mano. No estaba segura de si debía responder a la pregunta o quedarme sentada en silencio en el aula esperando que nadie se fijara en mí.

Se hicieron muchas preguntas, una tras otra, y el examen estaba a punto de terminar. Me senté en un rincón intentando desaparecer porque para entonces ya había perdido la confianza en mí misma. El problema no era que no supiera la respuesta, sino hablar en público.

Sí... ¡hablar en público! Me daba miedo aunque confiara en mi investigación y mis conocimientos. Al final, los conocimientos y la investigación no sirvieron de nada; me quedé sentada en silencio, dudando de mis habilidades en el aula.

Pronto terminó el examen y sonó el timbre. Todos salimos del aula y la Sra. Reid se quedó sola recogiendo sus cosas del pupitre.

Al salir del aula, no dejaba de arrepentirme de lo que había hecho. Me hubiera gustado responder al menos a una de las muchas preguntas y demostrar mi valía.

Cada uno siguió su camino y yo salí del pasillo para sentarme en el jardín. Me senté en un banco en el extremo del jardín. Mientras estaba allí sentada, pude ver a unos niños jugando al baloncesto. Era uno de mis deportes favoritos, y me encantaba jugarlo. Formaba parte del equipo femenino de baloncesto del colegio. Estaba en forma. Era lo bastante alta para encestar y lo hacía a menudo cuando jugaba sola en la cancha de baloncesto.

Ese mismo día por la tarde, nuestro equipo tenía un partido de baloncesto con otro colegio. Yo estaba preparado para ello. Mi excitación iba en aumento a medida que avanzaba el reloj. Sin embargo, sabía que no le caía muy bien a mi entrenador, y sabía por qué.

No se debía a mi falta de habilidades, sino a que tenía una favorita en el equipo, su sobrina, Bethany. Bethany era la capitana del equipo, y el entrenador, Shane, me sustituyó de la posición de tiradora de tres puntos por Bethany. Todo el mundo sabía que Bethany no era tan hábil como yo, pero nadie hablaba de ello, ni siquiera yo. Después de lo ocurrido, quise enfrentarme al entrenador, pero no tuve el valor suficiente para hacerlo.

Me sentía decepcionada conmigo misma por no expresar mi opinión; sufría en silencio. Tenía miedo al rechazo y a ser incomprendida.

Pronto el reloj marcó las 12:00 y todos nos reunimos en la cancha de baloncesto, vestidos con camisetas rojas y pantalones cortos, todos preparados para el partido.

Shane, nuestro entrenador, vino y nos informó sobre el partido. Sabía que hoy me haría lo mismo que siempre. Me dijo que le pasara el balón a Bethany para que anotara un triple. Pero hoy había decidido que yo hablaría.

Empezó el partido y todos jugaron con habilidad. Continuó durante unos treinta minutos cuando llegó el momento. ¡El tiro de tres puntos!

Cuando llegó el momento, mi entrenador empezó a gritar que le pasara el balón a Bethany desde la esquina. Me detuve unos segundos, pensando si lanzar yo o pasárselo a Bethany.

De pie, con el balón en la mano, miré a Bethany un segundo y luego a mi entrenador. Quería tirar yo, pero mi subconsciente volvió a traicionarme.

Al oír los gritos de mi sofá desde la esquina, me sentí impotente y le pasé el balón a Bethany. Nuestro equipo ganó el partido, y todas las alabanzas fueron para Bethany.

Sintiéndome patética conmigo misma, abandoné la cancha de baloncesto y me dirigí a los vestuarios para cambiarme. Me quedé de pie frente al espejo del baño, mirándome fijamente e intentando averiguar qué me pasaba. Me miré sin expresión en el espejo. En el fondo sabía que tenía mucho que decir, pero me daba miedo expresarme y quedar como una tonta delante de mis compañeros.

Una vez más, ignorándolo todo, me cambié de ropa y salí del cuarto de baño. Al girar a la izquierda, saliendo del baño, vi a una de mis compañeras de pie entre un grupo de abusonas del colegio. Al mirar las caras de aquellas chicas, reconocí inmediatamente que eran las famosas abusonas de nuestro colegio.

Me di cuenta de que allí pasaba algo malo. Mi amiga estaba estresada, y lo notaba claramente en su cara.

Por un instante, pensé en ayudarla. Tras acercarme unos pasos, me quedé inmóvil, incapaz de moverme. Aquellas abusonas rencorosas se burlaban de la ropa y el pelo de mi amiga.

Contemplando la angustiosa situación que tenía delante, perdí por completo la confianza en mí misma. Me alejé, intentando ignorar lo que estaba ocurriendo delante de mí.

Al pasar delante de las abusonas, evité el contacto visual con mis compañeras porque había actuado como una cobarde. Sabía que no debería haber hecho eso y que debería haberla defendido, sabiendo que podríamos haber luchado contra ellas y haberles dado de su propia medicina. Sin embargo, opté por alejarme de la situación. Entré en mi clase y me senté allí sola intentando comprender lo que acababa de hacer.

Sonó el timbre y la clase se llenó de alumnos. Al estar rodeada de gente, pude distraerme de mis pensamientos intrusivos. Era la última clase del día. Vino mi profesor de inglés y dirigió la clase.

Mientras transcurría la clase, yo estaba ensimismada en mis pensamientos. Físicamente, estaba allí, pero mentalmente, seguía en el pasillo de mi colegio, atrapada en el momento en que las abusonas habían rodeado a mi compañera.

Debería haberla defendido y haberles pedido que pararan. Ella no se habría visto en semejante situación si yo hubiera intervenido. Sin embargo, nada de eso ocurrió. Lo que hice fue alejarme, abstenerme del contacto visual e intentar por todos los medios ignorarlo todo y desaparecer.

Me sentía culpable... ¡muy culpable!

Poco después de terminar la clase, salí del aula y fui a buscar mi autobús. En cuanto lo vi, subí y me senté en mi sitio habitual.

Durante todo el trayecto hasta mi casa, no dejé de pensar en lo que había pasado aquel día. No podía quitármelo de la cabeza. Intentaba buscar respuestas a mi falta de confianza en mí misma para defender a mi amiga.

Analizándome, pronto obtuve la respuesta. Supongo que estaba en mi subconsciente esperando a que la reconociera.

Me di cuenta de cuál era la respuesta... Sabía que se debía a las redes sociales.

Las redes sociales ayudan a la gente de muchas maneras, pero a mí me volvieron la situación en contra. Me hicieron perder la confianza en mí misma.

Antes era adicta a las redes sociales. Ver a gente de mi edad sobresalir en sus vidas, prosperar, ganar concursos, irse de vacaciones y vivir la vida que yo siempre había soñado me hizo pensar que valía menos. Me hizo darme cuenta de que mi vida era mediocre, poco interesante y monótona. Me obligué a pensar que la vida que tenía era francamente aburrida.

Olvidé fijarme en los aspectos positivos de mi vida. No entendí que muchas de las redes sociales son falsas y se basan en la cantidad de "me gusta" y seguidores que tienes. Elegimos mostrar al mundo fragmentos de nuestras vidas cuando tenemos buen aspecto y hacemos algo divertido o guay. No es una representación de toda nuestra vida. La gente muestra unas cuantas fotos de su bonita y perfecta relación, o de un viaje a Hawai, pero son sólo unas pocas fotos. No es su vida entera.

Además, no conseguí entenderme a mí misma. Nunca analicé las partes positivas de mi vida y de mí misma, sólo me centraba en las negativas, y eso sólo empeoraba cuando miraba las redes sociales.

Me di cuenta de lo injusta que era conmigo misma y me quedé atrapada en un lugar oscuro, y encontrar la manera de salir de él parecía demasiado difícil.

Completamente perdida en mis pensamientos y ajena a lo que me rodeaba, no me di cuenta de que estaba a una manzana de mi casa. En pocos segundos, llegué a mi destino y bajé del autobús.

Fui directa a mi habitación, dejé la maleta en la mesita de la esquina y me metí en la cama. Estaba muy cansada. Me sentía física y mentalmente agotada por un día agotador y sólo quería echarme una siesta.

Me dormí en cuanto mi cabeza tocó la almohada y olvidé todo lo que había pasado ese día. Me desperté al cabo de dos horas, me refresqué y terminé los deberes que me había asignado mi profesor de inglés.

Al cabo de un rato, miré el reloj y me di cuenta de que ya era hora de cenar. Guardé los deberes en el bolso y bajé las escaleras, donde mis padres estaban preparando la cena. Mi madre estaba poniendo la mesa y me miraba con una cálida sonrisa. Le devolví la sonrisa y me senté en la silla del comedor.

Estaba hambrienta. Mi madre puso en la mesa el plato de pollo a la parrilla con patatas asadas, y todos los miembros de mi familia se acomodaron para cenar juntos. Todos empezaron a comer y yo volví a sumirme en mis pensamientos.

Quería disfrutar de la cena, pero mi cerebro repetía las actividades del día y la arruinaba. El ciclo continuaba y me sentía patética. Todavía no me podía creer cómo me había comportado hoy. Mi mente repetía lo que había pasado durante el día y me preguntaba cómo expresarme de forma sana.

Al recordar el partido de baloncesto, me arrepentí de haberle pasado el balón a Bethany. Siendo la más atlética y la más en forma de mi familia, podría haber tirado a canasta y encestar, y entonces todos los elogios habrían sido para mí, pero mi falta de valor y de confianza en mí misma no lo permitieron.

Compadeciéndome de mí misma, seguí comiendo con mi familia. Sin embargo, no podía disfrutar. El peso en mis entrañas era demasiado para soportarlo.

Cuando terminé de cenar, ayudé a limpiar y me fui a mi habitación. Eran las diez de la noche y me sentía mareada y agotada por los acontecimientos del día. Como quería dormir enseguida, me lavé primero los dientes y me acosté después de ponerme el pijama.

A la mañana siguiente me desperté, me preparé para ir al colegio y esperé a que llegara el autobús.

Caminando por el pasillo hacia mi clase, vi a una de mis compañeras hablando con las abusonas del día anterior. Se llamaba Emma. Iluminaba el oscuro pasillo con su confianza y su fuerza interior.

Todos los días me fijaba en ella, admiraba su confianza en sí misma y esperaba ser como ella algún día.

Me detuve un rato en el pasillo, intentando escuchar lo que decía a las abusonas.

Me di cuenta de lo que estaban hablando. Se enfrentó a las abusonas por su patético comportamiento de ayer, y eso me hizo darme cuenta de lo valiente que era.

Defendió a su amiga y amenazó a las abusonas.

Después de presenciar este momento en el pasillo, fui a mi clase y me senté en mi pupitre. Era la clase de la Sra. Reid, y mientras todos esperaban a que ella la dirigiera, yo me quedé sentada pensando en Emma.

Estaba asombrada y totalmente impresionada por ella. En ese momento, deseé entablar amistad con ella. Quería que me enseñara a tener confianza en mí misma.

Asistí a la clase de la Sra. Reid mientras pensaba en cómo hablar con Emma. Esperaba hablar brevemente con ella después de clase, pero estaba emocionada y nerviosa. Me sentía incómoda pensando en ello, pero algo en mi interior me instaba a acercarme a ella.

Capítulo 2: En busca de confianza

Poco después de que terminara la clase de la Sra. Reid, reuní un poco de valor para acercarme a Emma. Sabiendo que no era fácil para mí, me lo pensé profusamente antes de intentarlo. Sin embargo, antes incluso de acercarme a ella, mi confianza en mí misma se hizo añicos, así que aborté la misión.

Me sentía intimidada por ella. La personalidad y la confianza que tenía en sí misma eran lo que yo no tenía pero deseaba. En el fondo de mi corazón, quería ser como ella. La forma en que mostraba confianza, valentía, compostura y asertividad me cautivaba y me inspiraba a inculcarme las mismas cualidades.

Aquel día no pude hablar con ella. Al verla de pie en el pasillo después de clase, intenté reunir el valor para hablar con ella, pero fracasé estrepitosamente.

Ya era hora de volver a casa. De vuelta a casa en un estado depresivo, me dirigí directamente a mi habitación, tratando de evitar cualquier interacción con mi familia.

Mientras estaba tumbada en mi cama, no podía dejar de pensar en todo el escenario que me había ocurrido hoy en el colegio. Mi mente estaba entrelazada con pensamientos que se negaban a desaparecer. La contemplación constante y los pensamientos preocupantes enroscaban mi mente, retorciéndose por dentro y haciendo casi imposible desviar mi atención hacia otra cosa.

Tenía varios pensamientos e ideas residiendo en mi cerebro. Adoraba la personalidad de Emma y quería ser como ella: segura de mí misma, sin miedo a defenderme o a defender a los demás. Tenía miedo de que pensara que yo era una tonta y rechazara mi petición de ser mi mentora. Tenía muchas dudas y preocupaciones sobre mí misma.

Derrumbada en la cama y mirando al techo sin sentido, tuve una revelación que parpadeó en mi mente y me hizo decidir qué hacer antes de acercarme a Emma. Decidí investigar por mi cuenta antes de hablar con ella.

En ese mismo instante, salté de emoción y me senté derecha en la cama. Saqué el móvil del bolsillo de los vaqueros, entré en Google y escribí Cómo encontrar al mentor adecuado. Pulsé el botón de búsqueda con la esperanza de encontrar buenos resultados. Crucé los dedos mientras el corazón me latía con fuerza. Estaba avanzando.

Para mi sorpresa, obtuve información muy interesante sobre mi consulta. Al examinar los resultados, comprendí claramente qué características y cualidades básicas debía buscar en un mentor.

Un mentor debe ser alguien mayor que tú. Al ser un poco mayor que tú, un mentor puede aportarte ideas y sabiduría sobre sus experiencias vitales. Un mentor debe ser un consejero de confianza, proporcionar orientación y tener una sólida percepción de diversos asuntos, la capacidad de participar en diferentes perspectivas y opiniones, y la capacidad de moldearlas en consecuencia, si es necesario.

La vida es un ciclo de aprendizaje y crecimiento constantes, por lo que aferrarse a las propias creencias y no permitirse evolucionar y aprender con el tiempo no se corresponde con las cualidades de un mentor.

Aprendí que un mentor debe ser digno de confianza, alguien en quien puedas confiar. Un mentor debe tener experiencia en varios aspectos de la vida.

Debe tener confianza en sí mismo y ser valiente, estar dispuesto a enseñar a los demás a progresar en la vida, superar sus defectos y fijarse metas. En otras palabras, deben ser seres humanos que apoyen emocionalmente y modelos de conducta.

Un poco de investigación en Internet me ayudó a adquirir abundantes conocimientos sobre mi preocupación y a comprenderla.

Además, mi curiosidad me hizo profundizar en el tema. Al adentrarme en las profundidades de mi investigación, busqué lo que significa ser un mentor.

Me sorprendió lo importante que puede ser un mentor en la vida de una persona porque proporciona orientación, consejo y apoyo al alumno. Fundamentalmente, un mentor es un consejero. Comparte sus conocimientos basados en sus experiencias en la vida personal o profesional.

El mentor sirve de modelo y proporciona ánimo, comentarios constructivos y perspectiva para ayudar al alumno a afrontar los retos de la vida y tomar decisiones con conocimiento de causa.

Con un mentor puedes hablar de temas difíciles, como Dios, el Universo, las citas, el más allá, el instituto, la universidad o tu carrera profesional. Puede que no te den una respuesta absoluta, pero te animarán y ayudarán. Lo más importante es que te escuchen bien y te apoyen.

Debe ser alguien que no sólo tenga las herramientas adecuadas, sino que también utilice lo que enseña en su propia vida. Al reflexionar sobre sus experiencias pasadas, un mentor ayuda a sus alumnos a mantenerse en la vida, mejorándola en todo lo posible.

Al proporcionar información a los alumnos sobre sus decisiones vitales, elecciones, perspectivas, opiniones y procesos de pensamiento, un mentor les permite convertirse en una mejor versión de sí mismos.

Además, los comentarios y la ayuda de un mentor pueden serte de gran ayuda. Marcan una gran diferencia en tu vida ofreciéndote su apoyo y ayudándote en todo lo que pueden.

Un mentor puede ser un profesor, un modelo a seguir, un consejero, un asesor, un patrocinador, un defensor o un aliado. Dependiendo únicamente del alumno, un mentor puede ser cualquier persona con la que te identificas y a la que admiras en busca de orientación. Siguiendo con mi investigación, aprendí que un mentor es quien te proporciona todas las herramientas para convertirte en una mejor versión de ti mismo.

Un rayo de esperanza surgió en mi corazón tras leer sobre un mentor. Analizándome a mí misma, supe que necesitaba uno urgentemente. Estaba segura de que podría mejorar mi personalidad si tuviera un mentor, así que estaba deseando conseguir uno, y esperaba que Emma fuera la indicada para mí.

Elige a alguien que comparta tus valores

De cara al futuro, sabía que era esencial conocer las cualidades específicas que debía buscar en mi mentor. Tras una cuidadosa investigación, me di cuenta de que debía elegir un mentor que compartiera conmigo mis valores fundamentales.

Tener un conjunto de valores compartidos ayuda a garantizar que el mentor y el mentorizado trabajen por los mismos objetivos y entiendan las perspectivas del otro, por lo que sus opiniones y consejos te resultarán comprensibles. Ser capaz de entrar en resonancia con ellos podría hacer aflorar en ti nuevas perspectivas y objetivos, haciéndote modificar tu visión de la vida en general.

Elige a alguien que tenga el mismo punto de vista sobre el éxito

En segundo lugar, es necesario buscar a alguien con la misma definición de éxito que tú. Un mentor debe ser alguien que te ayude a conocerte a ti mismo, lo que es importante para ti en tu vida, lo que te hace feliz y lo que te apasiona. Es alguien que puede ayudarte a sacar tu "verdadero" yo, libre del ruido y las distracciones de la vida.

Elige a alguien que tenga los mismos objetivos que tú

Tu mentor y tú deberían tener grandes dotes de comunicación para que pueda entender tus objetivos a corto y largo plazo y trabajar contigo para ayudarte a alcanzarlos.

Elige a alguien que sepa establecer relaciones

Además, un mentor debe tener confianza en sí mismo y disponer del tiempo y la capacidad necesarios para entablar y construir nuevas relaciones profesionales y/o personales. Establecer nuevas relaciones te ayuda a crecer y a pensar más allá de tus percepciones. Uno tiende a pensar más allá cuando conoce a personas con distintos procesos de pensamiento, opiniones y creencias. A la larga, te ayuda a crecer y a ampliar tu red de contactos en términos de progreso profesional y personal simultáneamente.

Elige a alguien dispuesto a aceptar retos

Además, un mentor debe tener un enfoque desafiante. Atarte las manos, quedarte de brazos cruzados y sentarte en tu zona de confort no te llevará al crecimiento y desarrollo personal. Una mentalidad desafiante, dispuesta a aceptar situaciones difíciles y adversidades, tiende a ayudarte a crecer y prosperar. Debes buscar esta cualidad en tu mentor para ser capaz de acoger los retos de la vida y no resistirte a sentirte incómodo y hacer cosas fuera de tu zona de confort, lo que te permitirá crecer.

Elige a alguien accesible

En conclusión, cuando estés seguro de que alguien reúne todas las cualidades que debe tener tu mentor, acércate a él y conócelo. Exprésate y pídele que se convierta en tu mentor. La persona adecuada para ti no rechazará esta oportunidad.

Estaba tan enfrascada en mi investigación que me olvidé de la cena. Dejé el teléfono, me levanté de la cama y me arreglé. Al darme cuenta de que no me había cambiado después de volver del colegio, cogí rápidamente un pijama nuevo del cajón y me lo puse. Bajé las escaleras hasta la cocina, donde estaba mi madre fregando los platos y me preguntó: "¿Dónde has estado, cariño? Te estábamos esperando para cenar".

"Me quedé dormida un rato", le dije. No le conté la verdadera razón por la que no había ido a cenar; no me di cuenta de la hora que era hasta que terminé de investigar. No quería compartirlo con nadie en ese momento.

Me preparé un plato de pollo a la plancha y puré de patatas y me acomodé en la mesa del comedor para comer en soledad. Poco después, mi madre salió de la cocina, y yo me quedé allí sentada sola, cenando, ensimismada en mis pensamientos.

No dejaba de pensar en Emma. Intenté averiguar si era la mentora adecuada para mí. Analizando lo que había aprendido en Internet, estaba segura de que ella sería la persona adecuada para ser mi consejera. Era un par de años mayor que yo, así que tenía más experiencia en la vida que yo. Iba al mismo colegio que yo, lo cual era una ventaja. Al observarla desde lejos, supe que era fuerte y valiente y que aceptaría cualquier reto que se le presentara. Además, tenía la confianza suficiente para entablar nuevas relaciones con la gente, mientras que yo me sentía totalmente incapaz en ese aspecto. También parecía valiente y tenía una personalidad fuerte y firme.

Terminé de comer, lavé el plato y me fui a mi habitación. Era hora de dormir y me sentía agotada. Me dormí en cuanto apoyé la cabeza en la almohada.

A la mañana siguiente, me desperté con la mente fresca. Estaba segura de que iba a pedirle a Emma que fuera mi mentora. Tenía una pequeña chispa en mi interior, deseando que las cosas cambiaran para mí. Quería cambiarme a mí misma, mi forma de pensar y de comportarme.

Inmediatamente, me levanté de la cama y fui a cambiarme. En pocos minutos, me preparé para ir al colegio y bajé donde me esperaba mi madre en la mesa del desayuno. Tenía prisa por llegar al colegio.

"¿Por qué tienes tanta prisa, Claire? Ven aquí, siéntate y desayuna primero", me dijo.

Aminoré el paso y me volví hacia la mesa del comedor. Me senté y engullí el desayuno lo más rápido que pude. Sentía un hormigueo de nerviosismo en las manos y en la mente porque hoy era el día en que iba a preguntarle directamente a Emma.

"Gracias, mamá. Te quiero. Adiós". dije, y salí por la puerta principal.

"Yo también te quiero, cariño", respondió mi madre.

El autobús llegó en cuanto llegué a la parada. Subí al autobús y ocupé la primera plaza.

De camino al colegio, no dejaba de pensar en cómo le haría a Emma la pregunta que ansiaba hacerle.

Pensé que, pasara lo que pasara hoy, tenía que acercarme a ella. Hice todo lo que pude para animarme.

Al cabo de quince minutos, el autobús nos dejó en el colegio. Bajé las escaleras del autobús y me dirigí directamente al pasillo en busca de Emma. Eran sólo las siete y media y las clases no empezaban hasta las ocho.

A lo lejos, en el pasillo, la vi. Se erguía alta y fuerte en su grandeza y eclipsaba a todos a su alrededor. Mantuve la compostura y me dirigí hacia ella.

Caminar por el pasillo me resultó tan difícil que tardé diez minutos en atravesarlo. Me flaqueaban las piernas y sentía que el corazón me latía con fuerza en el pecho.

Estaba muy nerviosa y me sentía a punto de desmayarme. Me preocupaba que no estuviera de acuerdo y se burlara de mí. ¿Y si pensaba que era una estúpida?

Todas estas preguntas y pensamientos surgieron en mi mente mientras caminaba hacia Emma, pero conseguí serenarme y atravesé el pasillo.

Estaba de pie frente a su taquilla, ocupada ordenando sus libros. Esperé a que se diera la vuelta. Al minuto siguiente, cerró su taquilla con llave.

Cuando se dio la vuelta. La saludé con una sonrisa. "Hola, Emma. Soy Claire. ¿Cómo estás?"

Por un segundo, pareció confundida, pero me respondió de la manera más dulce posible.

"Hola, Claire. Estoy muy bien. Gracias. ¿Cómo estás?", respondió.

Cuando empezó la sesión para romper el hielo, sentí que el alivio se acumulaba en mi interior. Ya no estaba tan nerviosa como antes.

"Estoy bien, Emma".

"Si no estás ocupada haciendo nada importante, ¿puedo hablar contigo un rato?". le pregunté, esperando una respuesta positiva.

"Sí, claro. ¿Es algo sobre la clase?" preguntó.

Su tono y su lenguaje corporal hicieron que me calmara al instante. Era amable y acogedora, y me sentí cómoda y a gusto.

"Sí... más o menos. Quiero contártelo todo con detalle. Si no te importa..." dije titubeando.

"¡Oh, sí, claro! Podemos sentarnos fuera y hablar de lo que quieras", dijo con tono tranquilizador.

Me sorprendió la calidez y la preocupación que desprendía su voz. Me resultó refrescante lo empática y bondadosa que era.

Emma y yo fuimos directamente al patio y nos sentamos en una mesita junto a uno de los árboles.

Me armé de valor y le conté todo sobre mí. Le conté mis problemas de autoestima y mi falta de confianza. Además, le conté todo lo que me costaba en la escuela y en casa.

Ella fue todo oídos y me escuchó con total atención.

Cuando terminé de hablar, llegó el momento de hacer la pregunta principal.

"¿Quieres ser mi mentora?" le pregunté, con un deje de nerviosismo en el tono. "Admiro mucho tu personalidad y me gustaría ser como tú. Me gusta lo segura y fuerte que eres, cómo expresas tu opinión y defiendes a los demás, y con qué seguridad caminas por el pasillo y entras en clase. Quiero ser como tú". Le expresé lo que tenía en mente y esperé ansiosa su respuesta.

Emma me miró con una sutil expresión de sorpresa en el rostro. Sonrió tímidamente y dijo: "Muchas gracias por tu aprecio, Claire. Te agradezco que me tengas en tan alta estima".

Hizo una pausa y pensé que declinaría mi petición. El corazón me latía con fuerza y me sudaban las manos.

Pero continuó: "¡Sí, claro! Me encantaría ser tu mentora".

Me sentí encantada y aliviada.

"Te aconsejaré y guiaré lo mejor que pueda. Puedes preguntarme lo que quieras", añadió. Emma me cogió la mano y me dio un suave apretón.

Me sentí muy feliz. En mi corazón surgió una chispa que me hizo creer que ahora podía mejorar. Esperaba recuperar la confianza en mí misma.

Eran casi las ocho de la mañana y había llegado la hora de nuestra clase. Nuestra reunión terminó con buen sabor de boca y fuimos juntos a clase, charlando por el camino.

Capítulo 3: Limpieza de redes sociales - Regar la semilla de la belleza interior

Emma y yo caminamos por el pasillo y llegamos a nuestra clase. Fuimos a nuestros pupitres designados y nos acomodamos, ya que era hora de que llegara pronto nuestra profesora.

Mientras todos esperaban a la Sra. Reid, me senté aliviada.

"¡Oh Dios, parece que me he quitado un enorme peso de encima!". murmuré para mis adentros y dejé escapar un suspiro.

Sentí como si hubiera encontrado un confidente, un amigo que nunca había tenido. Alguien en quien podía confiar y con quien compartir mis pensamientos, inseguridades y vulnerabilidades.

Algo cambió en cuanto entré en clase con Emma. Me encontré un poco más segura de mí misma que antes. Tenía un poco de seguridad en mí misma porque ahora tenía una amiga, una mentora y una confidente, alguien a mi lado.

Empezaba la esperanza de liberarme de mis pensamientos intrusivos. Empezaba a confiar en mí misma y a sentirme capacitada.

Pronto la Sra. Reid entró en el aula para dirigir la clase del día. Yo estaba físicamente presente en el aula, pero mentalmente, estaba a un millón de kilómetros de distancia.

En un abrir y cerrar de ojos, se levantó la sesión. Todos recogieron sus bolsas y libros y abandonaron el aula de inmediato, mientras yo permanecía sentada contemplando y observando cómo se marchaban todos a mi paso.

Una voz detrás de mí llamó mi atención.

"Eh... ¿qué pasa? ¿Estás bien?"

Ahí estaba... mi mentora. pensé para mis adentros.

Emma se acercó a mi mesa y se sentó frente a mí. Podía percibir que algo no iba del todo bien conmigo.

Le respondí: "Sí, estoy bien".

Ella dijo: "Pero no pareces estar bien".

La miré en silencio, decidiendo si debía contarle mis vulnerabilidades y mis inseguridades o no.

Al segundo siguiente dijo: "Puedes decirme si algo va mal".

Haciendo una pausa de un par de segundos entre medias, continuó diciendo en broma: "Después de todo, soy tu mentora".

Al decir esto, se rió entre dientes, y yo me reí con ella.

La duda y la falta de confianza en mí misma me hicieron reflexionar sobre mi decisión durante unos instantes. Me pregunté si debía decirle lo que me preocupaba o darle tiempo para que nuestro nuevo vínculo creciera y se fortaleciera un poco más.

Mientras yo estaba ensimismada en mis pensamientos, Emma permanecía pacientemente sentada, examinando mi rostro y tratando de comprender lo que pasaba por mi mente.

Apreté los puños debido al nerviosismo extremo, mientras en mi rostro se evidenciaban signos de confusión y vulnerabilidad. Me moría de vergüenza y dudas. Quería huir lejos y esconderme de todo el mundo.

Emma chasqueó los dedos delante de mí con una sonrisa suave y tranquilizadora en el rostro. Al instante, volví a mi estado de conciencia, perdida en mis pensamientos.

"¿Quieres hablar de ello, de lo que sea que estés pensando?", me preguntó.

Finalmente, reuní el valor para hablar y respondí tímidamente: "Sí... quiero hablar de ello, pero no estoy segura de si debería contarte mis inseguridades inmediatamente".

Emma, muy segura de sí misma, respondió: "No pasa nada. Podemos hablar cuando quieras".

"¿No tienes que asistir hoy a tu entrenamiento de baloncesto?". añadió.

Olvidé por completo que hoy tenía entrenamiento de baloncesto.

"¡Ah, sí! Se me había olvidado. Gracias por recordármelo". Dije, mientras me levantaba apresuradamente de mi escritorio y empezaba a recoger mis cosas.

"¿Quieres acompañarme?" le pregunté a Emma.

"¡Sí, claro!" dijo.

Las dos salimos del aula y nos dirigimos a la pista.

Qué sensación tan surrealista era caminar con mi nueva amiga por el pasillo. Nunca había tenido amigos de verdad, y ahora me sentía diferente.

Mientras caminaba con Emma hacia la pista, le dije: "Tengo que contarte algo importante que me preocupa desde hace mucho tiempo y que ha destrozado mi confianza en mí misma. ¿Te interesaría escucharme?".

Emma respondió inmediatamente: "Te escucharé, Claire. Eres mi amiga, y seré toda oídos siempre que quieras hablarme".

Llegamos a la cancha de baloncesto y me dirigí inmediatamente a los vestuarios. Emma fue a las gradas a verme entrenar.

Al cabo de cuarenta y cinco minutos terminó mi entrenamiento y me reuní con Emma en las gradas.

"Vaya, qué buena jugadora eres", me dijo.

Estaba en las nubes después de escuchar esas palabras tan inspiradoras de alguien a quien consideraba mi amiga y mentora.

"Gracias", respondí.

Emma me esperó mientras me cambiaba de ropa. Ya era hora de volver a casa, así que caminamos juntas hasta nuestros autobuses designados para ir a casa.

Estaba agotada por la sesión de entrenamiento, así que me dormí en cuanto llegué a casa. Al despertar de la siesta, me sentía fresca y con energía.

Ese día había algo diferente. Estaba de mejor humor. Fui a buscar algo de comer a la cocina. Cené y me senté un rato con mi familia. Todos estaban viendo un nuevo programa de televisión que no me interesaba. Estaba ensimismada pensando en lo que había pasado antes.

Al cabo de una hora, volví a mi habitación. Me tumbé en la cama y pensé en hablar con Emma sobre cómo me siento cada vez que entro en las redes sociales.

Estaba segura de que me pasaba algo y de que mi comportamiento no era normal.

Mañana iba a hablar de mis preocupaciones con Emma y esperaba con impaciencia su respuesta.

Era un día luminoso y soleado, y esperaba nuestra charla con una nueva sensación de entusiasmo. Esperé a Emma en el pasillo.

Caminaba hacia el edificio y la vi desde lejos.

Nos saludamos cordialmente y nos dirigimos a nuestra primera clase del día. Después de asistir a la clase, fuimos a la cafetería y nos sentamos en una mesa del rincón.

"Quiero hablarte de algo importante que me preocupa desde hace mucho tiempo", le dije.

Emma me miró atentamente.

"Me siento inferior cada vez que miro a alguien en las redes sociales... déjame enseñarte un post", añadí titubeando.

Le enseñé a Emma un post de Facebook de una de nuestras compañeras de clase. Había colgado una foto de ella y su pareja, listas para el baile de bienvenida. Llevaba un conjunto muy mono y presumía de su nuevo corte de pelo. Estaba guapísima y su pareja era el quarterback del equipo de fútbol americano.

Cuando la vi, me sentí muy mal conmigo misma. Quería estar tan guapa como ella con su nuevo conjunto.

"Creo que tengo que adelgazar, hacerme un peinado nuevo y buscar una pareja para el baile. Soy tan simple".

Me detuve después de explicarle todo lo que sentía.

Emma me escuchó atentamente y no dijo nada durante un minuto. Supongo que estaba pensando qué decir sobre mis sentimientos y cómo responder.

"Está bien que te sientas así, pero tu autoestima no debe basarse en un peinado o una ropa", me dijo.

Me sorprendió su respuesta. Quizá esperaba otra cosa. Tenía miedo de que me juzgara, pero, para mi sorpresa, su respuesta fue muy positiva.

"Créeme, todas esas cosas no importan tanto. Eres mucho más de lo que pareces por fuera. Tu verdadera belleza reside debajo de ella. Ahí es donde encontrarás tu verdadera belleza, y no se negocia". dijo Emma.

Mantuvimos una conversación detallada sobre el tema. La forma en que me lo explicó todo empezó a tener mucho sentido.

Me hizo darme cuenta de que no debería preocuparme por el aspecto de los demás ni por el mío propio. Lo mono o a la moda que vaya vestido alguien no tiene nada que ver con su valía.

Los adolescentes se dejan intimidar por estupideces muy a menudo. Tienden a poner excesiva presión en cosas triviales que no tienen mucha importancia en la vida.

A menudo analizamos nuestra valía basándonos en nuestro exterior, pero deberíamos centrarnos y trabajar más en nuestro interior, nuestras capacidades únicas y nuestro potencial.

Reflexioné sobre ello cuando Emma dejó de hablar. Supongo que tenía razón.

Yo había hecho lo mismo conmigo misma. Cada vez que entraba en las redes sociales, me sentía pequeña e insignificante. Me atraían todas las cosas insignificantes y mezquinas, pero me di cuenta de que estaba siendo injusta conmigo misma.

Emma me lo aclaró todo. Me impresionó lo perspicaz e inteligente que era.

Me asombró que ella supiera lo que valía; por el contrario, yo desconocía por completo lo mío.

Le pregunté: "¿Cómo puedo ser consciente de mi autoestima?".

"Mira más allá de las cosas materiales y analiza tu interior. Eres mucho más que tu cara y tu cuerpo. Cuando centras tu energía en servir y darte a los demás, en lugar de preocuparte por tu apariencia, ahí es donde reside tu verdadera belleza". dijo Emma.

La escuché con atención.

Me hizo comprender que debemos centrarnos en nuestro interior y no sólo en nuestro aspecto exterior. Debemos centrarnos en lo amables, compasivos, empáticos y afectuosos que somos. Debemos centrarnos en nuestros valores, integridad, amabilidad y honestidad.

Emma validó mis sentimientos y me dijo que es normal compararse con los demás, especialmente con los adolescentes. Tu verdadera belleza es un trabajo interior, de autodesarrollo desde dentro hacia fuera.

Las adolescentes creen que si se hacen un peinado nuevo, llevan el maquillaje adecuado o tienen por novio a un quarterback de fútbol americano, se sentirán mejor. En realidad, funciona al revés, es decir, tienes que trabajar en ti mismo: sé tu mejor amigo, sé amable contigo mismo, céntrate en los demás y ayuda a los demás, en lugar de preocuparte por ti mismo y por lo que los demás piensen de ti. La verdad es que a la mayoría de la gente le preocupa lo que los demás piensen de ella. Así que lo mejor que puedes hacer es ser tú mismo y no preocuparte por lo que los demás piensen de ti.

Tu "verdadera" belleza procede de lo que has construido y creado en tu interior, no de tu peinado, la marca de tus zapatos o el tipo de vaqueros que llevas.

"Pero, ¿cómo puedo trabajar mi autoestima? No consigo hacerlo", le pregunté a Emma.

"No es imposible. Sólo tienes que centrarte en tu ambición, en lo que se te da bien, en lo que te hace feliz, y trazar un plan para alcanzar tu meta."

"No sé cómo hacerlo", dije.

"No pasa nada. Déjame guiarte".

"Te sugeriría que restringieras el uso de las redes sociales durante un tiempo porque has analizado que te hacen cuestionar tu autoestima. Date un respiro y haz una limpieza de redes sociales". Emma habló con calma.

Me explicó cómo podía hacerlo.

Me convenció para que dejara de usar las redes sociales durante un tiempo y me centrara en mejorar.

Le entendí y supe lo que tenía que hacer. Decidí dar un giro a mi vida. Decidí centrarme en ser una buena persona.

Decidí trabajar en mi crecimiento interno, en mi progreso y en mi autodesarrollo. La confianza en mí misma y la autoestima fueron mis nuevos lemas. Quería centrarme en mi belleza interior más que en la apariencia exterior. Sabía que quería prosperar.

Comprendí mi autoestima y decidí dejar de utilizar todas las plataformas de medios sociales hasta que trabajara en mejorarme y progresar. Emma me ayudó a darme cuenta de lo que me faltaba y lo que me hacía sentir así.

Lo mejor que había hecho en mucho tiempo fue reunir la suficiente confianza en mí misma para acercarme a Emma y pedirle que fuera mi mentora, y no solo eso, sino que también encontré en ella a una amiga. Me ayudó a centrarme en lo que realmente importa, que es el crecimiento interno y el autodesarrollo.

Afortunadamente, había decidido trabajar en mi autodesarrollo, y estaba deseando hacerlo.

Capítulo 4: Viaje al conocimiento de uno mismo

Emma me sugirió ir despacio.

Después de enseñarme a analizar mi autoestima, me habló de la autoconciencia. Al principio, no tenía ni idea de su importancia, pero me aseguró que al final de esta lección sabría muchas cosas al respecto.

Estaba dispuesta a aprender a ser consciente de mí misma y a comprenderme mejor. Sabiendo que mi autoestima y mi autoconciencia podrían estar correlacionadas y que serían igual de importantes para mejorar mi personalidad, esperaba la lección con entusiasmo.

Al día siguiente, después de clase, Emma y yo nos encontramos en el patio. Estaba tan entusiasmada como yo por enseñarme sobre el autoconocimiento. Nos habíamos hecho grandes amigas y ella quería lo mejor para mí, por lo que puso todo su empeño en ayudarme a ganar confianza y a salir de mi caparazón.

Empezó explicándome la definición básica de autoconciencia. Me explicó que la autoconciencia es la capacidad de reconocer y comprender nuestros pensamientos, emociones y comportamientos y su impacto en nosotros mismos, en los demás y en el entorno. Implica ser consciente de las propias fortalezas, debilidades, valores, creencias y motivaciones. También incluye la capacidad de reflexionar y evaluar nuestras propias acciones y respuestas en diferentes situaciones, lo que permite el crecimiento y el desarrollo personal.

Le pregunté: "¿Por qué es importante ser consciente de uno mismo?".

Su respuesta me sorprendió. Mencionó que la autoconciencia puede llevarnos a conocer nuestros valores, lo que nos permite tomar mejores decisiones, mejorar nuestras relaciones y comprender mejor nuestra identidad y nuestros objetivos.

Además, explicó cómo la autoconciencia puede ayudarnos a entender nuestras emociones y cómo afectan a nuestros pensamientos y comportamiento, lo que nos lleva a una mejor regulación emocional y empatía hacia los demás.

Me dijo que cuando somos conscientes de nosotros mismos, podemos reconocer nuestros puntos fuertes y débiles, lo que nos permite tomar decisiones acordes con nuestros objetivos y valores. La conciencia de nuestros comportamientos y reacciones puede mejorar nuestras interacciones con los demás, lo que conduce a relaciones más sanas y significativas.

También nos permite reconocer áreas de mejora en nuestras vidas y trabajar para el desarrollo y el crecimiento personal.

Me ayudó a comprender la importancia del autoconocimiento al afirmar que es un medio para aumentar la confianza en uno mismo. Nos ayuda a comprender nuestras propias capacidades y limitaciones, lo que puede conducir a una mayor autoconfianza y asertividad. Conocernos a nosotros mismos nos ayuda a identificar y desarrollar estrategias para gestionar más eficazmente los factores desencadenantes del estrés.

Las personas conscientes de sí mismas pueden adaptarse más fácilmente a los cambios de su entorno porque comprenden sus propias reacciones y pueden ajustarse en consecuencia. Además, ser conscientes de nosotros mismos nos permite vivir en consonancia con nuestro verdadero yo, tomando decisiones que reflejan nuestros valores y creencias".

Al final de la lección explicó: "En general, la autoconciencia puede llevarnos a una vida más satisfactoria y exitosa al ayudarnos a entendernos a nosotros mismos y a navegar por el mundo de forma más eficaz."

"Espero que hayas captado la esencia de la lección. Si tienes alguna duda, pregúntame enseguida, sin dudarlo".

Me tomé un momento para comprender lo que me explicaba. Todo me pareció confuso durante un rato, pero luego empezó a tener sentido. Le dije: "He intentado averiguar qué me pasa, pero me siento estancada. Quiero cambiar y convertirme en una persona mejor, más segura y consciente de sí misma, pero no sé por qué me parece casi imposible".

Emma me miró atentamente, escuchando lo que le decía.

"Intento pensar y entender por qué me comporto tan torpemente delante de la gente y me falta confianza en mí misma, pero cada vez que lo hago, no consigo reconocer las causas".

Hice una pausa y suspiré: "¡A veces me apetece evitar la interacción con todo el mundo! Pero supongo que eso no es posible".

Con una cálida sonrisa en la cara, Emma me dio unas ligeras palmaditas en el dorso de la palma de la mano, como si me estuviera tranquilizando.

Me dijo: "No te preocupes. No te preocupes. No te estreses demasiado; llevará tiempo, pero mejorarás. Te enseñaré a ser consciente de ti misma y a ser una mejor versión de ti misma".

"¿De verdad? ¿Es posible que lo consiga?".

"¡Sí, definitivamente es posible!".

"¿Cómo puedo desarrollar la autoconciencia?". le pregunté.

"Bueno, debo decir que no es del todo fácil, y no viene de forma innata, pero déjame asegurarte que tampoco es imposible", dijo. Y continuó explicando.

"Vamos a aprenderlo paso a paso", continuó Emma.

Me dijo que lo primero que debemos hacer es reflexionar sobre nuestras experiencias. Debemos pensar en lo que vivimos en el pasado y cómo nos hizo sentir. Reflexionar sobre ello e intentar averiguar la razón de nuestros sentimientos y experiencias.

En segundo lugar, hablar con nuestros amigos y familiares de confianza y pedirles su opinión puede ayudarnos a determinar las áreas de nuestra personalidad que requieren mejora. Su perspectiva puede ayudarnos a tener una visión más objetiva de nosotros mismos.

Además, practicar la atención plena puede ayudarnos a determinar nuestros pensamientos, acciones y comportamiento emocional sin juzgarlos. Se puede conseguir practicando la meditación o ejercicios de respiración profunda. Puede ayudarte a analizar tu estado interno.

Identificar nuestros valores y creencias puede ayudarnos a ser más conscientes de nosotros mismos. Con el tiempo, podemos alinear nuestras acciones y comportamientos de acuerdo con nuestras creencias y valores.

Además, para ser conscientes de nosotros mismos, es fundamental prestar atención a nuestras reacciones. Cómo reaccionamos ante una determinada situación o de una determinada manera dice mucho sobre nuestros procesos de pensamiento y creencias interiorizadas. Una vez que empezamos a reflexionar sobre cómo reaccionamos, puede ayudarnos a determinar sus ventajas e inconvenientes. En última instancia, adquirir autoconciencia nos permitirá mejorar nuestras reacciones si es necesario.

Además, la autoconciencia exige estar abierto a nuevas ideas y retos, aunque cuestionen los nuestros. Nos permite mirar más allá de nuestras percepciones e ideas y percibir el mundo de una manera nueva, ampliando así nuestra mentalidad.

Además de tomar conciencia de uno mismo, es esencial analizarnos y determinar nuestras metas y objetivos. Puede conducirnos al progreso y al desarrollo personal, llevándonos finalmente a una versión más refinada y mejor de nosotros mismos.

Aparte de eso, aprender de nuestra relación con la gente nos ayuda a adquirir conciencia de nosotros mismos, ya que refleja cómo se comportan y actúan las personas en nuestra presencia. Mejora nuestro comportamiento con la gente y nos ayuda a establecer buenas relaciones con ellos, mejorando nuestras interacciones sociales y nuestro comportamiento.

Emma me instó a pensar con originalidad. Me dio una nueva perspectiva de mi vida. Me aceptó donde estaba con amor, aceptación y sin juzgarme. Aportó conocimiento y verdad a mi vida y me enseñó que el cambio es a menudo incómodo pero necesario para el desarrollo personal y el crecimiento interno. Su amor, su aceptación y su perspicacia me ayudaron a romper la resistencia al cambio, y ahora le doy la bienvenida. Le prometí: "Haré todo lo posible por incorporar todos estos aspectos en mí a partir de hoy. Espero tener éxito en esta nueva etapa de mi vida".

"Sí, estoy segura de que lo conseguirás", me aseguró Emma.

Ambas salimos del patio y nos dirigimos a nuestros autobuses designados, ya que era hora de volver a casa.

Capítulo 5: Potenciar la confianza en uno mismo

Mis interacciones con Emma me hicieron reflexionar sobre muchas cosas. No sólo demostró ser mi amiga y mi confidente, sino que se convirtió en mi mayor apoyo. Esperaba con impaciencia encontrarme con ella todos los días. Mis días en la escuela eran mejores porque ella estaba a mi lado. Ya no me sentía sola.

Después de nuestra conversación sobre el autoconocimiento, reflexioné todo lo que pude. Ella me hizo darme cuenta de lo que me faltaba y necesitaba mejorar en mí misma. La conversación fue reveladora, y me quedé con ganas de hablar de muchos más aspectos de mi vida con ella. Tuvimos conversaciones estupendas. Sus puntos de vista y opiniones me impresionaron, y estuve de acuerdo con casi todos ellos.

Después de conocerla, me di cuenta de que quería mejorar lo que había hecho hasta entonces y de que tenía la oportunidad de convertirme en una versión mejor de mí misma. Teníamos mucho de qué hablar, y esperaba con impaciencia hablar de un nuevo tema con ella a la mañana siguiente. Ya me había dicho que íbamos a hablar de la confianza en uno mismo.

No quería estresarme mucho por ello y quería tomarme las cosas con calma, así que me relajé y me fui a dormir, dejando todo por hablar con Emma para el día siguiente.

"Hola, Emma. ¿Cómo estás?"

"Estoy bien", asentí con una sonrisa. "¿Dormiste bien anoche?", preguntó.

Quedamos antes de clase al día siguiente y teníamos tiempo de sobra, así que nos sentamos a hablar un rato. Supongo que Emma se había preparado cómo me enseñaría la importancia de la confianza en uno mismo, el nuevo tema que quería tratar.

"Es importante que sepas qué es la confianza en uno mismo y cómo nos afecta", me dijo Emma.

La escuché atentamente.

Continuó: "La confianza en uno mismo es la creencia en nuestras capacidades, nuestro juicio y nuestra valía. Es la valentía de decir lo que quieres y piensas en lugar de avergonzarte".

"Espera, déjame ponértelo más fácil... es la actitud hacia tus habilidades y capacidades. Es la confianza que tienes en todo lo que puedes hacer. Nadie va a venir a salvarte, así que tienes que preguntarte: "¿Qué vas a hacer para introducir los cambios necesarios para que las cosas sucedan?"".

Me sentí intrigado por lo que dijo Emma.

"Lo entiendo... ¿pero cómo podemos hacerlo?". le pregunté.

Me dijo que la autoconfianza implica confiar en nuestra capacidad para afrontar retos, alcanzar objetivos y tomar decisiones. Nos hace sentir seguros de nuestras habilidades y conocimientos, pero también reconocer las limitaciones y las áreas de mejora. Incluye un sentido de seguridad en uno mismo, resiliencia y una imagen positiva de uno mismo, e influye en la forma en que nos acercamos e interactuamos con la gente.

“Vaya, qué esclarecedor”, comenté.

“Entonces, vamos a profundizar en esto...” dijo Emma con entusiasmo.

Hablamos del tema y aprendí algunas cosas interesantes. Comprendí por qué es importante la confianza en uno mismo.

Aumenta nuestra capacidad para afrontar retos y mejorar nuestro rendimiento general en la vida. Nos ayuda a mejorar nuestras habilidades comunicativas e interpersonales, permitiéndonos comunicarnos de forma más eficaz y asertiva.

Además, nos permite tomar decisiones más informadas y aumenta nuestra confianza en la toma de decisiones. La confianza en uno mismo nos ayuda a recuperarnos de contratiempos o desafíos durante la toma de decisiones o de resultados desfavorables. Nos hace salir de nuestra zona de confort y nos permite probar cosas nuevas, permitiéndonos dar un paso adelante en las aventuras de la vida.

También reduce el estrés y la ansiedad, a la vez que fomenta una mentalidad positiva, ya que afrontamos con confianza cualquier situación desafiante. Nos permite perseguir y alcanzar nuestros objetivos y metas. Sin duda, tener confianza en uno mismo nos ayuda a conseguir lo que queremos. Por lo tanto, aumenta nuestras posibilidades de tener una vida plena.

"Espero habértelo hecho fácil de entender. Créeme, al principio parece intimidante, pero será más fácil con el tiempo", tranquiliza Emma.

"Estoy deseando aprender a ganar confianza en mí misma". Mostré mi entusiasmo, y Emma siguió ilustrándome al respecto.

En primer lugar, me dijo que conseguir objetivos pequeños y alcanzables genera una sensación de logro y confianza. También podemos sustituir la autoconversación negativa por afirmaciones positivas y replantear los pensamientos críticos. Esto nos hará ver más allá de las posibilidades de fracaso y centrarnos en el resultado positivo.

Además, cuidar nuestra salud física y mental mediante el ejercicio, una alimentación sana y el descanso puede devolvernos la confianza en nosotros mismos. Cuando nos sentimos bien por fuera, también nos sentimos mejor por dentro.

Visualizarnos a nosotros mismos triunfando también reafirma nuestra autoconfianza. Cuando nos imaginamos a nosotros mismos triunfando en diversas situaciones, nos hacemos un favor, ya que aumenta nuestra confianza. Además, estar bien preparados puede aumentar nuestra confianza en tareas o situaciones específicas.

Es natural y normal soportar dificultades o retos cuando estamos en el camino hacia el éxito. Considere los retos como oportunidades para aprender y crecer, no como amenazas. Esto no sólo refuerza la confianza en uno mismo, sino que también garantiza la autosuficiencia si fracasamos. Siempre que tengamos éxito, debemos reconocer y recompensarnos por los éxitos, grandes o pequeños, porque celebrar nuestro éxito aumenta nuestra confianza en nosotros mismos.

Para reforzar la confianza en nosotros mismos, debemos pasar tiempo con personas que nos apoyen y nos animen. Estas personas no sólo nos apoyan cuando fracasamos, sino que también celebran nuestros logros con nosotros. Nos hacen sentir que valemos a pesar de nuestros fracasos o logros. La mayoría de las veces la gente sólo se queda a nuestro lado cuando tenemos éxito, pero cuando fracasamos, a menudo nos dejan solos, haciéndonos cuestionar nuestra valía.

Además, salir de nuestra zona de confort y enfrentarnos a los miedos puede ayudarnos a desarrollar resiliencia y confianza. También podemos considerar la posibilidad de pedir consejo a un mentor, entrenador o terapeuta para obtener orientación y apoyo adicionales.

Lo último que me dijo Emma me hizo darme cuenta de que había hecho lo correcto al ponerme en contacto con ella para que me orientara. Ya estaba en el camino hacia la confianza en mí misma, y encendió un rayo de esperanza en mi interior.

"A partir de ahora, tienes que defenderte. Si alguien te molesta o te abusa, o sientes que te están maltratando, defiéndete y haz saber a los demás que no te faltarán al respeto".

Escuché a Emma con atención. Creo que tiene razón. Todo empezó a tener sentido. Nunca me había defendido porque me faltaba confianza en mí misma. Me explicó que la confianza es el resultado de la acción, así que es importante actuar aunque te sientas inseguro. Cuanto más actúes y digas lo que piensas, más fácil te resultará hacerlo cada vez. Y cuanto más lo hagas, más gente te entenderá y empezará a conocerte.

Emma me explicó cómo debo alzar la voz contra cualquier cosa injusta, ya sea para mí personalmente o para cualquier otra persona. Aprendí que usar nuestra voz con eficacia implica expresarnos con claridad y confianza en distintas situaciones.

Hablar de forma clara y directa es importante para que nos entiendan y para transmitir nuestro punto de vista.

Es importante establecer el tono y la entonación. A veces ayuda a transmitir emociones y a enfatizar lo que queremos transmitir.

Cuando levantamos la voz para cualquier cosa, debemos hacerlo con confianza. Nuestro lenguaje corporal muestra la fuerza o seguridad con la que nos mostramos, lo que es importante a la hora de dejar una impresión.

Es esencial expresar nuestras opiniones, pero también es crucial cuidar nuestro tono y elegir palabras que transmitan respeto y positividad, sobre todo cuando proporcionamos feedback o abordamos desacuerdos. Además, gestionar nuestras emociones al hablar, especialmente en situaciones difíciles, es importante para mantener el control de nuestra voz.

Alzar la voz es un aspecto importante de la oratoria. No sólo se utiliza contra cualquier prejuicio o parcialidad, sino que también es importante para hablar en público con regularidad. Por eso, practicar de antemano cómo hablar y qué decir en público puede ayudarnos cuando tengamos que enfrentarnos a alguien. Practica escribiendo en un papel lo que quieres decir y luego mírate al espejo. Practica hablando con claridad y firmeza, transmitiendo el mensaje que quieres transmitir y prestando atención a tu lenguaje corporal y facial.

Utilizando nuestra voz con eficacia, podemos comunicarnos de forma persuasiva, establecer relaciones sólidas y alcanzar nuestros objetivos. También podemos oponernos a cualquier prejuicio o injusticia hacia nosotros o hacia cualquier otra persona.

"Puedes empezar hoy mismo participando con confianza en clase. Además, enfréntate al entrenador Shane y pídele que te deje lanzar el balón en lugar de Bethany", dijo Emma después de explicarme todo sobre cómo elevar mi voz interior.

"Te voy a dar una tarea para hoy. Tienes que levantar la voz durante la sesión de entrenamiento de hoy. Ve y pide lo que quieras. Eres una excelente jugadora de baloncesto". Emma me empujó.

"No estoy segura de poder hacerlo", dije nerviosa.

"No hagas caso a tu autoconversación negativa. ¡Tienes que hacerlo! Esta es tu tarea. Sólo así podrás recuperar la confianza en ti misma".

"Vale, voy a intentarlo".

"Déjame que te hable también de tu voz interior. Es una parte importante de nuestra personalidad y todo el mundo tiene una", me dijo.

Subir el volumen de nuestra voz interior nos ayuda a reflexionar sobre nuestros pensamientos, sentimientos y acciones, lo que nos conduce a un mayor conocimiento y comprensión de nosotros mismos. Escuchando nuestra voz interior podemos gestionar mejor nuestras emociones y mantener el equilibrio emocional. Además, nuestra voz interior puede guiarnos a la hora de tomar decisiones que estén en consonancia con nuestros valores y objetivos. Puede ayudarnos a acceder a nuestra intuición y a profundizar en ella.

El diálogo con nuestra voz interior nos permite reflexionar sobre los retos y encontrar soluciones, lo que aumenta nuestra confianza y autoestima. También puede ayudarnos a reconocer cuándo hay que poner límites en relaciones y situaciones.

Cuando subimos el volumen de nuestra voz interior, damos pasos adelante y mantenemos la constancia, desarrollamos buenos hábitos que nos ayudan a alcanzar nuestros objetivos con el tiempo. Utilizar nuestra voz interior puede llevarnos a un enfoque más consciente e intencionado de la vida, ayudándonos a superar los retos y alcanzar nuestros objetivos.

"Puedes encontrar tu voz interior analizándote a ti misma, Claire. Piensa en lo que te dice tu mente en una situación difícil. Analiza tus reacciones ante las cosas y pregúntate si tus reacciones son sanas. Escucha a tu mente y a tu corazón y actúa en consecuencia. También deberías poner límites cuando te sientas incómodo. Te mantendrá a salvo de cualquier dolor o daño innecesario".

"Escucha lo que dice tu voz interior y actúa en consecuencia. Luego me lo agradecerás", dijo con un sutil guiño.

Sonó el timbre y llegó la hora de nuestra clase. Antes de que pudiera decir nada más, Emma se levantó y dijo: "Vamos, Claire".

Mientras caminaba hacia la clase, contemplé cómo iba a participar en clase ese día. Me preparé para tener más confianza en mí misma y responder a las preguntas, aunque no supiera la respuesta correcta. Entonces supe que tenía que pasar a la acción, aunque me sintiera insegura. Me recordaba constantemente todo lo que Emma me había enseñado.

Para mi sorpresa, respondí a muchas de las preguntas que la Sra. Reid me hizo ese día. Obtuve algunas respuestas incorrectas, pero no dejé que eso me afectara, y esperé con impaciencia las demás.

Pronto terminó la clase y Emma se reunió conmigo fuera.

"Ha sido impresionante. Aprendes muy rápido", me dijo.

Me sentí entusiasmada.

"Ahora toca la siguiente tarea del día".

"Sí... lo sé". dije sarcásticamente.

"Sé que tú también puedes hacerlo".

Las palabras de Emma me reafirmaron en que podía defenderme contra el entrenador Shane y Bethany. Caminamos hacia la cancha de baloncesto. Emma se sentó en uno de los bancos mientras yo me cambiaba en los vestuarios.

Mientras me cambiaba, me recordaba continuamente el objetivo que tenía en mente, que tenía que defender mis derechos. No era justo que el entrenador Shane pusiera siempre a Bethany a tirar de tres puntos y a mí no.

Después de cambiarme, me dirigí directamente al entrenador Shane.

"Hola, entrenador. Hoy quiero jugar en mi sitio y lanzar de tres en lugar de Bethany. Entiendo que es su sobrina, pero no puede ser injusto conmigo", le dije con respeto, pero con severidad.

El entrenador Shane se quedó atónito. No se esperaba lo que estaba oyendo. Se quedó sin habla durante un par de segundos. Continué diciendo,

"Si no me deja jugar, podría ir a ver al director...".

Ni siquiera había terminado la frase cuando dijo,

"No pasa nada. Jugarás y lanzarás el triple".

Me quedé de piedra.

"Vaya, ha sido fácil", pensé.

El resto de la sesión de práctica fue bien. Emma lo observó todo y me esperó después de la práctica.

"¡Lo has conseguido, chica! Estoy muy orgullosa de ti", exclamó.

Sentí una extraña sensación de alivio y satisfacción que hacía tiempo que no sentía. No sabía que defenderme me daría tanta fuerza. Hacía tiempo que no me sentía tan poderosa y valiente.

"Muchas gracias, Emma. Te agradezco mucho que me hayas ayudado a encontrar mi voz y a hablar claro".

"De nada, amiga mía. Todo irá mucho mejor. Ten paciencia".

Era hora de volver a casa. Fui y me instalé en mi autobús. Me invadió una oleada de alegría y satisfacción. La sentí durante todo el camino de vuelta a casa.

Capítulo 6: El poder de la bondad y la empatía

Era el comienzo de un nuevo día para mí, lleno de expectación, pues estaba deseando hablar de un nuevo tema con Emma.

La mañana comenzó con el suave sonido de mi despertador. La luz se asomaba por las cortinas, señalando el comienzo de un nuevo día. Me levanté de la cama y me estiré antes de entrar en el cuarto de baño. Me lavé la cara, me cepillé los dientes y me peiné. Me sentía relajada y menos ansiosa. Después de prepararme para el día, bajé las escaleras hasta la cocina para tomar un desayuno rápido a base de cereales y tostadas.

Cuando hube comido, recogí mis cosas y salí por la puerta para coger el autobús. El aire de la mañana era fresco y agradable cuando salí hacia el colegio, dispuesta a afrontar el día.

El cambio positivo que sentí en mi interior fue surrealista y difícil de creer. Mi inyección de confianza y seguridad en mí misma fue inexplicablemente asombrosa. Pedirle a Emma que me orientara fue lo mejor que había hecho en mucho tiempo.

Llegué puntual al instituto y esperé a Emma antes de la clase. Un par de minutos después, la vi caminando hacia mí por el pasillo.

“Hola, Claire. ¿Cómo estás, colega?” Preguntó en voz alta desde la distancia.

“Estoy bien. ¿Cómo estás tú?” Respondí con un haz de luz mientras ella se acercaba a mí.

“¿Quieres saber lo que te he preparado hoy? Va a ser emocionante”.

“Sí, por favor. Cuéntamelo”. Sentí curiosidad.

Sabía que tenía planeado algo útil e informativo.

“Hoy voy a hablarte de la empatía y la bondad”, dijo con entusiasmo. “¿Te apuntas?”

“Claro que sí. Hagámoslo antes de clase. Todavía nos queda algo de tiempo hasta que venga la señorita Reid”.

“¡Venga, vamos!”.

Fuimos al mismo sitio donde nos sentamos ayer y empezamos a hablar.

“Estoy segura de que debes saber lo que son la empatía y la bondad...”.

“Sí, Emma. Sé que la empatía es sentir, comprender y considerar lo que siente la otra persona. Significa ser sensible a los demás y ser consciente de sus sentimientos y emociones”, hice una pausa, “y supongo que la amabilidad es algo parecido. Significa ser amable, generoso y considerado con una persona. Se refiere a la cualidad y las acciones de ser amable, cariñoso y servicial cuando se trata de otra persona”.

Emma sonrió y me miró mientras hablaba. Sus ojos brillaban como si estuviera orgullosa de algo.

“Estoy impresionada, Claire. Ha sido admirable. Ya sabes mucho al respecto. Creo que no hace falta que te cuente mucho”, se rió.

La sensación de que alguien se sintiera impresionado y orgulloso de mí era nueva para mí. El cascarón en el que vivía antes no me daba la oportunidad de hacer que alguien se sintiera orgulloso. Supongo que se debía al impulso de confianza y seguridad en mí misma que había adquirido tras las lecciones anteriores de Emma.

“Creo que está funcionando...” le dije,

“¿Qué está funcionando?” preguntó Emma, confusa.

“Tu tutoría”, me reí entre dientes.

“¡Ah, sí! Me alegro”. Emma se echó a reír. “Volvamos a donde lo dejamos. Ya sabes cuáles son estas dos cualidades. Deberías usarlas como tus superpoderes”.

¿Qué? ¿Superpoderes? ¿Cómo es posible? pensé. Justo entonces, Emma empezó a explicarme cómo.

Emma me dijo que la empatía es una virtud que nos enseña a ser amables y compasivos. La empatía y la bondad van de la mano. Cuando somos empáticos con los demás, estamos en proceso de ser amables, y si somos amables con los demás, eso significa que somos empáticos por naturaleza.

Ser empático no significa sentir lástima por los demás, sino mostrar compasión y comprensión. Ser empático es percibir las emociones y los sentimientos de los demás e intentar comprender lo que otro siente y experimenta. Es la capacidad de imaginar y experimentar el mundo interior de otra persona, identificando lo que la otra persona está sintiendo en un momento dado, imaginando lo que alguien está pensando, reconociendo y validando sus emociones, escuchando lo que tiene que decir, imaginando cómo se puede estar sintiendo la otra persona y viendo las cosas desde su punto de vista.

Por otro lado, la amabilidad es una cualidad que puede hacer maravillas. La amabilidad nos permite ser desinteresados, compasivos, considerados y generosos. Es una cualidad que contagia positividad y generosidad. Es una cadena que prevalece en la sociedad. Ser amable con alguien es ser considerado con sus sentimientos y necesidades. Es una forma de mostrar sinceridad y consideración. Pequeños gestos o palabras pueden demostrar amabilidad. La amabilidad puede expresarse mostrando a la otra persona que te importa. Es mostrar bondad, buena voluntad, cortesía, preocupación y gracia. Es ser paciente, cariñoso, servicial y hospitalario. Es no ser egoísta ni egocéntrico y ser tolerante y comprensivo.

La amabilidad y la empatía pueden marcar una gran diferencia en la sociedad. Son como superpoderes. Cuando las hacemos parte de nuestras vidas, marcamos la diferencia para los demás y para nosotros mismos. Proporcionan una sensación de plenitud y propósito. Hacen que nos sintamos satisfechos, contentos y satisfechas de cómo nos comportamos y reaccionamos ante los demás. Elegir ser amables nos ayuda a crecer como personas.

Cuando elegimos ser amables y empáticos, estamos viviendo en la mente y el corazón de la otra persona. Así, actúa como un superpoder porque no todo el mundo puede hacerlo. Las personas especiales practican la amabilidad y la empatía. Las personas que han grabado estas dos cualidades en sí mismas son superhéroes que pueden relacionarse y comprender la mente y el corazón de otra persona.

Cuando se detuvo, empecé a absorber todo lo que decía, pensando en cómo incluir estas prácticas en mi vida.

"¿Has pensado alguna vez cómo puedes utilizar estas cualidades en tu vida diaria?". preguntó Emma.

"Umm... la verdad es que no. No estoy segura. No suelo relacionarme mucho con la gente, así que no pienso en ellas a menudo. No diría que soy grosera, mala o poco amable. Intento ser empática y amable, pero no tengo el valor o la confianza para interactuar con la gente de esa manera".

Por lo que yo sabía, tenía el instinto de la empatía y la amabilidad, pero mi falta de confianza en mí misma y de valor nunca me hicieron intentarlo. Pensaba en ayudar a la gente necesitada, pero me quedaba callada porque no tenía la confianza suficiente para enfrentarme a la gente.

Incluso cuando vi que abusaban de mi amiga, me quedé en silencio porque temía las consecuencias y la reacción de las abusonas. Podría haberla ayudado en esa situación, pero mi falta de confianza me lo impidió.

Después de lo que Emma me enseñó, decidí incorporar esas cualidades a mi vida diaria pasara lo que pasara. Había empezado a recuperar la confianza en mí misma, así que tenía la esperanza de incorporar también la amabilidad y la empatía a mi personalidad. Entrando en materia, Emma me explicó cómo utilizarlas en mi vida diaria.

La amabilidad y la empatía son herramientas poderosas que pueden influir positivamente en nuestra vida cotidiana y en la de quienes nos rodean. Podemos ser amables y empáticos escuchando activamente. Es muy amable prestar toda nuestra atención cuando alguien nos habla. Mostrar interés, responder con reflexión y ayudar a que la otra persona se sienta escuchada y valorada.

Reconocer y agradecer los puntos fuertes, los talentos y los esfuerzos de quienes nos rodean es un gesto muy cálido. Un simple cumplido puede alegrar el día a alguien, así que deberíamos incorporar a nuestras vidas el hacer cumplidos a los demás.

Además, hay que dar a los demás tiempo y espacio para expresarse. Evita meter prisa a la gente y muéstrate comprensivo si tienen dificultades. Ser considerado, paciente y tolerante puede tener un impacto notable.

También debemos expresar gratitud y aprecio por otras personas y cosas con las que nos encontramos cada día. Una nota de agradecimiento o una expresión verbal de gratitud pueden significar mucho para los demás. Ser hospitalario y hacer un esfuerzo por alguien también cuenta como amabilidad y empatía. Hacer saber a la gente que estamos a su lado en momentos de necesidad es muy tranquilizador. Validar sus sentimientos y ofrecer consuelo sin juzgarlos puede parecer un pequeño acto de amabilidad, pero llega muy lejos.

El gesto de empatía y amabilidad más comúnmente practicado es ayudar a los demás. Puede ser algo grande que tenga mucho significado, que requiera esfuerzo, o incluso algo minúsculo o mundano. Busca oportunidades para echar una mano, ya sea abriendo una puerta, ofreciéndote a llevar algo o ayudando a alguien que lo necesite.

Es importante elegir un lenguaje considerado y respetuoso. Debemos evitar los comentarios negativos y ser cautelosos sobre cómo nuestras palabras pueden afectar a los demás, porque a veces las palabras pueden ser muy hirientes.

Además, practicar actos aleatorios de bondad y empatía puede alegrarle el día a alguien. Haz algo amable sin esperar nada a cambio. Puede ser tan sencillo como pagar el café de alguien o dejar una nota amable a un compañero.

Además, debemos ser conscientes de que respetar los límites de las personas es esencial. Es importante comprender y respetar los límites y preferencias de los demás, ya se trate de espacio personal o de límites emocionales.

Demostrar amabilidad y empatía en nuestras interacciones con los demás puede inspirar a otros a hacer lo mismo. Practicando conscientemente la amabilidad y la empatía en nuestra vida diaria, podemos construir relaciones más sólidas, contribuir a una comunidad positiva y mejorar nuestro propio bienestar.

"Hoy te voy a dar una tarea. Tienes que utilizar estas dos cualidades diariamente de alguna manera a lo largo de la semana. Yo estaré con vosotros, así que no tenéis que preocuparos por nada", dijo Emma.

La primera vez que oí hablar del ejercicio, me sentí intimidada. Sin embargo, me sentí un poco aliviada cuando Emma me dijo que me ayudaría durante todo el ejercicio. Estaba emocionada y asustada, pero dispuesta a asumir mi tarea.

Pronto llegó la hora de la clase y vimos acercarse a la Sra. Reid. Emma y yo entramos en el aula y nos acomodamos.

El resto del día transcurrió bastante bien. También pensé en cómo podía ayudar a los demás y ser empática con ellos.

Salimos del aula y caminamos por el pasillo. Emma me pidió que estuviera atenta a lo que me rodeaba. Así podría ver si alguien necesitaba mi ayuda. Me puso como ejemplo mis sesiones de baloncesto. Podía ayudar a mis compañeros de equipo ayudándoles a calentar o a estirar, o podía ayudarles enseñándoles a lanzar correctamente a canasta. Me dijo que mirara a mi alrededor cuando caminara por la calle. Puedo ayudar a alguien mayor o débil. Podía sujetar las puertas a la gente que entraba y salía de una tienda. Puedo ayudar a alguien a llevar las maletas al coche si no puede hacerlo solo. Me contó muchas cosas que podía hacer para ser amable con los demás.

Me explicó que la amabilidad es ofrecer gracia. Somos humanos y, por tanto, cometemos errores. Podemos ser amables con nosotros mismos y con los demás cuando se producen esos errores. Esto significa pensar antes de hablar, pensar antes de buscar venganza y pensar en las relaciones a largo plazo en lugar de en el orgullo a corto plazo. Si todos pudiéramos recordar que ninguno de nosotros es perfecto, todos seríamos más amables con los demás. Ofrece gracia y sé amable.

Aprendí que no sólo importa nuestra opinión. Debemos respetar las opiniones de los demás y discrepar respetuosamente si no estamos de acuerdo. Debemos apreciar y agradecer. Debemos ser tolerantes y pacientes.

Emma me enseñó mucho y me pidió que incorporara esos detalles a mi vida diaria. Le prometí que lo haría estuviera donde estuviera a lo largo del día.

Durante toda la semana, me aferré a las palabras de Emma y miré a mi alrededor para ayudar a la gente. Al día siguiente, cuando volvía a casa del supermercado, vi a una anciana que se esforzaba por llevar las bolsas y abrir la puerta a la vez. Yo estaba bastante lejos de la puerta, pero corrí a abrirle. Me miró y sonrió.

“Muy amable. Muchas gracias”.

Cuando oí esas palabras, me sentí muy feliz. Sentí que era lo mejor que había hecho en mucho tiempo. Incluso cuando volví y me fui a la cama, no dejaba de pensar en la frasecita que me dijo.

"¡Ah! Esto sienta bien", murmuré para mis adentros.

Nunca había sentido tanta satisfacción en mi vida. También empecé a ayudar en casa. Ayudaba a mis padres a cocinar, fregar los platos, limpiar la casa, hacer la colada o cortar el césped. Me gustaba mucho ayudarles en todo.

Ayudaba a Abby, mi hermana pequeña, con sus deberes, y a Eve, mi hermana mayor, con sus proyectos de ciencias. Les hablaba con más amabilidad y me volvía más tolerante y paciente cuando discutíamos.

Ayudé a mis amigos del colegio. Me di cuenta de que lo más amable y valiente que podemos hacer es enfrentarnos a alguien que no es amable. Hacerlo provoca conflictos. Una buena persona vería el potencial de conflicto y se quedaría callada. Una persona amable nunca quiere agitar el barco. Una persona amable y valiente sabe que el conflicto es posible y actúa de todos modos. Sabe que puede crear olas, pero le parece bien. A lo largo de la semana también se lo hice pasar mal a las abusonas y les advertí que no se metieran con mis amigas.

Cuando decidí ser amable y empática, fue como si viviera una nueva vida. Parecía que tenía un propósito y sentía que no estaba simplemente existiendo. Me sentía viva y feliz. Me sentía satisfecha ayudando a la gente y siendo más empática. Era poderoso. Supongo que Emma tenía razón cuando decía que eran mis superpoderes.

Aprendí que ser amable y empático habitualmente es importante por varias razones. Fortalece nuestras relaciones porque la amabilidad y la empatía ayudan a construir relaciones fuertes y significativas con los demás. Cuando mostramos cariño y comprensión hacia los demás, fomentamos la confianza y profundizamos los vínculos. Ser amable y empático puede aumentar nuestro propio bienestar emocional. Puede llevarnos a una mayor felicidad y satisfacción, ya que ayudar a los demás suele aportar una sensación de plenitud.

Además, la amabilidad y la empatía habituales crean una atmósfera positiva en entornos personales y profesionales. Es más probable que las personas respondan positivamente y correspondan cuando las tratamos con amabilidad y comprensión. También reduce el estrés y los conflictos. Abordar las distintas situaciones con empatía puede ayudar a reducir posibles conflictos y malentendidos. También puede reducir nuestro propio estrés al promover interacciones más armoniosas con las personas que nos rodean.

La amabilidad y la empatía contribuyen a crear una comunidad solidaria e integradora. Al ser considerados con los sentimientos y las perspectivas de los demás, tendemos a crear un entorno en el que la gente se siente valorada y respetada. También damos un buen ejemplo a los demás, ya que demostrar amabilidad y empatía puede inspirar a otros a hacer lo mismo. Esto puede crear un efecto dominó, dando lugar a un comportamiento más compasivo y respetuoso en nuestros círculos sociales.

Cuando practicamos la empatía, nos convertimos en mejores oyentes y comunicadores. Esto puede dar lugar a conversaciones más abiertas y sinceras y mejorar nuestra capacidad para comprender y atender las necesidades de los demás. La empatía nos ayuda a ver las cosas desde otra perspectiva. Nos permite ser más considerados con los demás en lugar de egoístas, y nos permite reconocer las perspectivas de otras personas, aunque no tengamos por qué estar de acuerdo con ellas. Puede llevarnos a apreciar más la diversidad y las distintas perspectivas y contribuir a una sociedad más integradora y equitativa.

Llegué a la conclusión de que ser amable y empática beneficia a los demás y contribuye a nuestra felicidad y bienestar general. Crea un impacto positivo en nuestras relaciones y en la comunidad en general. Me sentí agradecida a Emma por enseñarme tanto sobre este superpoder que no sabía que poseía.

Capítulo 7: El poder del coraje y la vulnerabilidad

Había pensado en lo siguiente de lo que iba a hablar con Emma: esos sentimientos duros y complejos de los que siempre me había resultado difícil hablar antes. Tenía la esperanza de cambiar, deseaba romper el esquema y hablar de ellos.

Esta vez le dije de qué quería hablar, y a ella le gustó el entusiasmo y le impresionó cómo me iniciaba a participar.

Las dos nos reunimos en la escuela, emocionadas y animadas para la siguiente sesión.

"Así que... abróchate el cinturón, Claire. Vamos a hablar de sentimientos incómodos y temas complejos", dijo Emma bromeando.

"¡Hagámoslo!" Acepté entusiasmada.

"Seguro que sabes lo que son los sentimientos incómodos y los temas complejos, pero te cuesta compartirlos y hablar de ellos, ¿verdad?".

Y... empezamos a hablar. Emma empezó a enseñarme qué son los sentimientos duros e incómodos, explicándome cómo nos afectan si no hablamos de ellos. Hablar de estos sentimientos y de temas complejos puede ser un reto por varias razones.

Una de ellas es el malestar emocional. A menudo, abordar sentimientos incómodos hace aflorar emociones dolorosas como la tristeza, la ira o el miedo, por lo que muchas personas prefieren evitar estas emociones, lo que lleva a evitar el tema por completo. Los sentimientos se acumulan en nuestro interior y pueden causar frustración y resentimiento.

A veces también tememos que nos juzguen. Nos preocupa cómo nos percibirán los demás si revelamos nuestros verdaderos sentimientos. Tememos ser juzgados, malinterpretados o incluso rechazados por expresar pensamientos o emociones que se perciben como negativos o impopulares.

Algunos de nosotros también luchamos por no saber cómo comunicarnos eficazmente porque no nos han enseñado o no tenemos las habilidades comunicativas necesarias para expresarnos o, en general, manifestar nuestras preocupaciones sobre algo en particular. Por lo tanto, expresar emociones y pensamientos complejos requiere habilidades comunicativas eficaces, como articular sentimientos, escuchar activamente y responder con empatía. No todo el mundo posee estas habilidades, lo que puede dificultar entablar conversaciones significativas sobre temas difíciles.

Abrirse a los sentimientos incómodos requiere vulnerabilidad, lo que puede asustar. El miedo a ser vulnerable es una lucha porque implica exponernos a la posibilidad de ser heridos, juzgados o rechazados. Nuestras normas culturales y sociales dictan a menudo lo que se considera apropiado o aceptable discutir abiertamente.

Ciertos temas pueden considerarse tabú o prohibidos, lo que dificulta sacarlos a colación en una conversación.

También me dijo que las experiencias negativas pasadas al hablar de sentimientos difíciles o temas complejos, como ser invalidada o rechazada, pueden crear barreras para la comunicación futura sobre temas similares.

En general, aprendí a través de esta conversación con Emma que abordar sentimientos difíciles y temas complejos requiere valentía, empatía y habilidades de comunicación eficaces, todo lo cual puede ser difícil de cultivar. Sin embargo, participar en estas conversaciones puede conducir a una comprensión más profunda, al crecimiento emocional y a conexiones más fuertes con los demás.

Me intrigaba nuestra conversación, así que le pregunté a Emma: "¿Cómo puedo desarrollar el valor para hablar de estas cosas en mi vida? A menudo me siento muy intimidada por este tipo de situaciones".

"Sé que no es fácil ser franca o tener la confianza suficiente para alzar la voz, pero Claire, para tu crecimiento personal, es algo que tienes que hacer", me dijo. "Te diré cómo puedes desarrollar estos aspectos de tu personalidad. Y créeme, ¡puedes hacerlo!".

Las conversaciones incómodas te ayudan a aclarar tus pensamientos y sentimientos para que otra persona pueda verte con mayor profundidad y comprenderte mejor. Cuando hablamos de sentimientos y emociones complejas, eso nos proporciona alivio y libera las emociones que han estado embotelladas en nuestro interior durante mucho tiempo. No hablar de estas emociones puede provocar un aumento del estrés y la ansiedad, lo que es perjudicial para nuestra salud mental y física.

Cuando procesamos estas emociones con sensatez y las expresamos con madurez, nos deshacemos de ellas, junto con todo el estrés y la ansiedad peligrosos. Expresar estas emociones puede liberarnos de la frustración, la ansiedad y el resentimiento, haciéndonos sentir libres y relajados. Con el tiempo, compartir y hablar de sentimientos incómodos con alguien en quien confiamos puede ser profundamente curativo, reduciendo así el estrés y fortaleciendo nuestro sistema inmunológico.

Cuando nos sinceramos sobre situaciones complejas y sentimientos difíciles en una relación, inculcamos un sentimiento de confianza, empatía y conexión en el vínculo que compartimos con nuestra pareja. Este vínculo forma una conexión más profunda a medida que conectamos a nivel emocional. Esto fomenta el amor, la confianza y la compasión, lo que acaba fortaleciendo el vínculo.

También mejora nuestra capacidad para resolver problemas. Cuando compartimos nuestras preocupaciones y problemas con una pareja de confianza o un confidente, de alguna manera nos abrimos a recibir diversas perspectivas y puntos de vista sobre un tema concreto. Estos puntos de vista nos permiten ver la situación de otra manera.

Emma explicó que compartir nuestros sentimientos y hablar de temas que a menudo nos resultan difíciles facilita nuestro crecimiento personal. Fomenta nuestro desarrollo y nos permite crecer y evolucionar. Podemos enfrentarnos a nuestros miedos, prejuicios y conceptos erróneos, y también nos permite ser conscientes de nosotros mismos y fomenta la resiliencia.

Cuando hablamos de ciertos temas que se consideran tabú en nuestra sociedad, como los problemas sociales, la injusticia, los prejuicios y la desigualdad, luchamos por el cambio social. Participamos para concienciar y provocar un cambio en la sociedad.

Toda la información nueva que recibí de Emma me abrió una perspectiva nueva y diversa sobre este tema. Aprendí que fomenta el bienestar emocional, promueve la autoconciencia, potencia el crecimiento y el desarrollo personal y conduce al cambio social.

"Ha sido muy informativo, Emma. Sabía un poco sobre el tema, pero me has abierto los ojos. Hay mucho más que saber sobre estos sentimientos", dije, "nunca había pensado en ello de esta manera".

"Me alegro, Claire, pero ahora debes permitirte hablar de todo lo que antes te resultaba difícil", respondió Emma. "Sé que al principio va a ser un poco difícil, pero te aseguro que mejorará".

Emma y yo hablamos de los factores que debemos tener en cuenta cuando nos expresamos. Cuando hablamos de sentimientos difíciles y temas complejos, hay varias consideraciones que pueden ayudarnos a garantizar una conversación constructiva y respetuosa y a evitar cualquier encuentro hiriente e incómodo.

Lo primero que debemos hacer es optar por la empatía. Abordar la conversación con empatía y comprensión y reconocer que cada persona experimenta las emociones de manera diferente seguramente te ayudará a tener un resultado positivo. Garantiza la paz y la armonía, evita situaciones angustiosas y fomenta la paciencia.

En estas situaciones, cuando la otra persona está hablando o expresándose, es esencial inculcar y practicar la escucha activa prestando toda nuestra atención a la otra persona mientras la escuchamos, sin interrumpirla ni juzgarla. Reflexionar sobre lo que hemos oído para garantizar la comprensión mutua, identificar dónde podemos expresar nuestras opiniones y preocupaciones, y esperar una conversación y un resultado saludables son ejemplos de comportamiento maduro.

Sea cual sea la situación, es esencial tratar los puntos de vista de los demás con respeto, aunque no estemos de acuerdo. Lo mejor que podemos hacer es evitar el lenguaje despectivo o invalidar las experiencias ajenas. De este modo, podemos contribuir a crear un espacio seguro en el que todos se sientan cómodos expresándose sin miedo a ser juzgados o a sufrir represalias. También podemos establecer normas básicas, si es necesario, para mantener una comunicación respetuosa. Además, mantener la mente abierta y estar dispuestos a considerar puntos de vista distintos de los nuestros nos permite contemplar opiniones y perspectivas diferentes. También debemos permitirnos ser curiosos y hacer preguntas para profundizar en nuestra comprensión.

Debemos respetar los límites personales y compartir sólo lo que nos sintamos cómodos revelando. Del mismo modo, respetemos los límites de los demás, si deciden no compartir cierta información, y nunca intentemos entrometernos. También debemos tener en cuenta que debemos utilizar un lenguaje inclusivo y sin prejuicios, evitar estereotipos o suposiciones y ser conscientes de cómo nuestras palabras pueden afectar a los demás.

Debemos ser conscientes de la regulación emocional e intentar por todos los medios controlarla y mantenerla cuando hablemos de algo crucial o complejo. Debemos reconocer cuándo nuestras emociones están a flor de piel y dar un paso atrás para desescalar, si es necesario, porque la escalada de situaciones o conversaciones puede desembocar en un final desagradable de la conversación.

Aspirar al entendimiento y a la resolución más que a ganar discusiones. Busca puntos en común y céntrate en encontrar soluciones o compromisos cuando sea posible.

Si tenemos en cuenta estos factores, podemos fomentar una conversación constructiva que promueva la empatía, la comprensión y el respeto mutuo al hablar de sentimientos difíciles y temas complejos.

Nuestra conversación terminó dejándome con una sensación de iluminación.

"Quizá ahora pueda expresarme mejor", le dije.

"Estoy segura", respondió Emma, mirándome con una sonrisa en la cara como si estuviera orgullosa de mí.

"¿Sabes qué, Emma? Estoy impaciente por aplicar todo lo que me has contado. Me siento tan liberada".

"Eso es increíble, Claire. Sé que eres capaz de hacerlo".

Estas palabras sonaron como una melodía para mis oídos. Nunca antes había oído estas palabras tranquilizadoras con frecuencia, y tampoco había explorado esta faceta mía.

Era nuevo, pero era bueno.

"¡Vale, venga, levántate! Vamos a comer. Estoy famélica". Emma interrumpió mis pensamientos intrusivos.

Volviendo a la realidad, me levanté y me uní a Emma, que ya iba unos pasos por delante de mí.

Capítulo 8: El poder de encontrar tu voz y alzar la voz

Con el tiempo, Emma y yo nos hicimos grandes amigas. Ahora no solo era mi mentora, sino que se había convertido en alguien en quien podía confiar. Tenía una verdadera amiga después de mucho tiempo, quizá por primera vez en mi vida.

Emma me enseñó muchas cosas que no sabía, pero que sentía que debería haber sabido antes. Si lo hubiera sabido antes, mi vida habría sido muy diferente y mejor.

Sin embargo, no perdí el tiempo lamentándome del pasado y miré al futuro con la esperanza del desarrollo y el progreso personal.

Cada día llegaba con un rayo de esperanza y el deseo de aprender algo nuevo y lograr algo que no había logrado antes, ya fuera mundano o diminuto o cualquier cosa que tuviera mucha importancia. Si para algunos no tenía la máxima importancia, para mí marcaba una gran diferencia, y eso era lo que más importaba.

Estaba deseando encontrarme con Emma al día siguiente.

Era una clara mañana de miércoles. Llegué a la escuela antes que Emma y esperé a que se reuniera conmigo en el pasillo. La vi venir hacia mí, con una amplia y brillante sonrisa en la cara.

“Hola, Emma, ¿cómo estás?”.

"Claire, estoy bien. Espero que tú también estés bien. Venga, vamos a hablar del tema de hoy".

Emma y yo caminamos hacia un rincón silencioso y nos sentamos.

"Hoy vamos a hablar de tu voz".

"¿Mi voz?" pregunté con curiosidad.

"Me refería a tu voz literal que te permite hablar y abogar por ti misma. Esa voz".

"Ya veo".

Me entusiasmó aprender sobre mi voz. Aprendí que todos tenemos voz, lo que significa que tenemos derecho a expresar nuestras opiniones, pensamientos y sentimientos. Nuestra voz interior nos permite reconocer nuestros pensamientos y perspectivas y considerar también las perspectivas de otras personas. Es un concepto asociado a la igualdad, la libertad de expresión y la inclusión. Pone de relieve lo que nos importa y nos ayuda a expresarnos y a expresar nuestras opiniones.

"Esto sí que es interesante", dije.

Emma ya me había hablado de ello, y ahora quería que encontrara mi propia voz.

Acepté y le prometí que me esforzaría al máximo para expresar mis pensamientos y opiniones.

Había sido una chica tímida toda mi vida, pero ahora había llegado el momento de cambiar este rasgo mío. Sabía que sería un poco difícil al principio, pero tenía que encontrar el valor para superar la incapacidad de expresarme. Expresarse y usar la voz es la raíz de todos los cambios sociales. Para muchos de nosotros es más fácil abogar por los demás que hablar por nosotros mismos. Erosionamos nuestro sentido de la autoestima cuando no hablamos por nosotros mismos.

Todo el mundo tiene una voz propia que le permite expresarse y dar a conocer sus opiniones. Nuestras voces pueden marcar una gran diferencia para nosotros y para otras personas. Si decimos la verdad y los hechos, podemos ayudarnos a que se nos reconozca, a conseguir logros y a no ser agraviados de ninguna manera. Lo mismo ocurre con los demás. Es posible que veamos a nuestro alrededor a personas que son agraviadas o que no son reconocidas por lo que hacen. A menudo la gente sufre para conseguir lo que se merece y es agraviada de muchas maneras.

Si alzamos la voz, podemos ayudar a la gente a salir de esas situaciones. Si alzamos la voz como es debido, podemos marcar la diferencia en la sociedad ayudándonos a nosotros mismos y a los demás a conseguir lo que merecemos.

Reconozco que debo ayudar a la gente que me rodea, independientemente de su origen, edad, etnia y cultura. Debo ser siempre consciente de mi voz interior y estar dispuesta y ser capaz de expresarla siempre que sea necesario.

Recuerdo haber visto cómo algunos compañeros de clase abusaban de mi amiga, pero nunca dije nada y me marché en silencio. Sin embargo, yo quería adoptar una postura y ayudarla en esta angustiosa situación, pero nunca tuve el valor de enfrentarme a nadie, así que me alejé. Del mismo modo, recordé otro incidente en el que alzar la voz por lo que era justo y bueno podría haber cambiado las cosas, pero fracasé como de costumbre.

Mi compañera de clase, Lucy, tomó prestado La isla del tesoro de la biblioteca. En nuestra siguiente unidad en la biblioteca, nos contaron que el mismo libro se había perdido. La bibliotecaria interrogó a Lucy delante de todos, acusándola de que no había devuelto el libro, sin embargo yo recordaba que sí lo había devuelto. La había visto devolvérselo a la bibliotecaria mientras yo estaba detrás de ella en la cola. Todos nos sentimos intimidados por la situación, ya que la bibliotecaria interrogó groseramente a Lucy delante de la clase, acusándola de haber extraviado el libro y diciéndole que la multaría si no lo encontraba al día siguiente. Miré a Lucy. Estaba aterrorizada y parecía a punto de llorar. La oí explicarse diciendo que había devuelto el libro en la fecha prevista, pero la bibliotecaria no la creyó. Yo podría haber hablado en ese momento, testificando que ella había devuelto el libro, pero no pude hacerlo por mi falta de confianza y seguridad en mí misma.

Sonó el timbre y todos salieron de la biblioteca. Lucy se quedó en silencio, reflexionando sobre la situación. En su rostro se reflejaba una expresión de pánico. Me acerqué a ella y le pregunté: "¿Estás bien, Lucy?".

“No sé qué hacer ahora. Lo devolví en la fecha prevista. Me da vergüenza que me acusen de algo que no he hecho”, dice con la voz baja y quebrada.

“Sé que lo devolviste”, dije titubeando.

Me miró con horror, como si estuviera decepcionada y con el corazón roto.

“Deberías haber dicho algo entonces”, dijo con severidad.

“Yo... yo... no sé qué debería haber dicho”. Me tropecé con las palabras. “Lo siento, Lucy”.

Salí de la biblioteca, dejando a Lucy sola para encontrar el libro.

Al día siguiente, uno de nuestros amigos comunes me dijo que habían encontrado el libro en el cajón de la bibliotecaria. Me sentí aliviada al oírlo, pero también avergonzada. Si hubiera hablado, Lucy habría sentido alivio y apoyo. La culpa se había apoderado de mí. Me sentí avergonzada y como una cobarde. Sin embargo, adormecí mis sentimientos y seguí con el resto del día, inmersa en la inseguridad y la culpa. No dejaba de pensar en lo que Lucy había sentido ayer, ¿y si hubiera hablado por ella? Si lo hubiera hecho, ¡ella no habría tenido que pasar por todo ese lío!

Este incidente me sirvió de ejemplo para conocer la importancia de hablar claro y alzar la voz para expresar la verdad. Se lo comenté a Emma y esperé con impaciencia lo que tenía que decir.

"Ya es hora de que sepas encontrar tu voz y usarla para el bien. Debes decir la verdad, Claire. A menudo es petrificante, pero debes recordar que la verdad siempre prevalece".

Asentí con la cabeza. Emma continuó diciéndome cómo podía encontrar mi voz.

Encontrar tu voz y decir la verdad implica un viaje de autodescubrimiento y desarrollar el valor para expresarte con autenticidad.

Para dar tu opinión y expresarte, es esencial dedicar tiempo a reflexionar sobre tus valores, creencias y experiencias. Identifica lo que más te importa y lo que defiendes. Es crucial que te informes sobre los temas y asuntos que te importan. Lo que puedes hacer es leer, investigar y comprometerte con diversas perspectivas para profundizar en tu comprensión.

Además, practica la autoconciencia y sé consciente de tus pensamientos y emociones. Así desarrollarás la confianza y la seguridad en ti mismo. Te convencerás de que vales y de que tu opinión importa.

También es importante que determines cuál es la mejor forma de comunicarte, ya sea escribiendo, hablando, con el arte o con otra forma de expresión. También puedes experimentar con distintos formatos para encontrar lo que resuene contigo.

Una vez que lo tengas claro, pide opiniones a fuentes de confianza como amigos, mentores o compañeros. Es posible que ellos también puedan aportarte puntos de vista diferentes y valiosos que probablemente te ayuden a encontrar una versión más refinada de tu voz.

Aparte de eso, sea fiel a sí mismo y evite ajustarse a las expectativas de la sociedad. Debes centrarte en la autenticidad, la credibilidad y la confianza de tu público. Intentar entablar conversaciones significativas con distintas personas de tu entorno te permitirá ampliar tus ideas y mantener tu postura al hablar en público. Puede que cometas errores al principio, pero con el tiempo aprenderás a utilizar tu voz de forma impactante y eficaz.

Debes trabajar en estos aspectos y ser paciente durante el proceso en curso. Todo requiere cierto tiempo, y conseguirás mantener tu voz y utilizarla para causar impacto en la sociedad. Si sigues estos pasos, podrás desarrollar la capacidad de decir tu verdad con claridad y convicción, lo que tendrá un impacto positivo en quienes te rodean.

Decir la verdad puede parecer desalentador al principio. Puede que te aterre decir los hechos o la verdad, pero con el tiempo te resultará más fácil. Una vez establecido que la verdad tiene el máximo poder, nos resulta fácil decirla en voz alta, incluso si se pone difícil.

A veces, la situación puede complicarse, y puedes meterte en problemas, pero atenerse a la verdad siempre gana. No tengas miedo y di la verdad aunque te tiemble la voz.

Mantente fiel a tus palabras y dilas con confianza. Sabe que estás en el lado correcto, y nada puede vencer a la verdad. La mentira o el engaño duran poco, pero la verdad es el triunfo definitivo. La satisfacción y la plenitud que alcanzas después de decir la verdad o de ayudar a alguien en una situación compleja es excepcionalmente reconfortante y satisfactoria. La verdad es poderosa y te hace resistente y valiente.

Los hechos sobre la verdad me dejaron alucinado. Fue una revelación chocante a la que nunca había prestado atención. Me hizo despertar y decidí no callarme más. Estaba decidido a decir la verdad en cualquier circunstancia. Sabía que iba a ser un poco difícil al principio, pero sabía que con determinación y constancia sería más fácil. Esta determinación me hizo centrarme en ayudarme a mí misma y a los demás y en defenderme a mí misma y a los demás cuando era necesario.

"Emma, eso ha sido esclarecedor. Voy a trabajar en ello y seguro que notarás mis progresos", dije con determinación.

"Estoy segura de que puedes hacerlo, Claire. Recuerda concentrarte y ser resistente, y no retrocedas hasta que termines tu trabajo", me dijo Emma con confianza.

El aprecio y la seguridad de Emma siempre me hacían sentir en la cima del mundo. Nunca me había sentido así con ninguno de mis amigos o familiares. Era como un nuevo comienzo para mi nueva personalidad. Alborozada y entusiasmada, estaba deseando progresar y esforzarme por convertirme en mi mejor yo.

Capítulo 9: La danza de la liberación - Gratitud y amistad

Era principios de mayo y todo el mundo estaba entusiasmado con el acontecimiento que se avecinaba en nuestro colegio, incluidas Emma y yo. El baile de primavera estaba a la vuelta de la esquina. Ya era la comidilla del colegio y todo el mundo esperaba impaciente la llegada del 5 de mayo. Los preparativos del baile estaban en pleno apogeo y todo el mundo se afanaba en prepararlo.

Era la primera vez que me emocionaba con el baile desde que empecé a ir a la escuela. Junto con nuestras sesiones de tutoría, fuimos a comprar nuestros vestidos. Desde nuestros trajes hasta nuestros peinados, lo habíamos decidido todo. Emma y yo elegimos trajes similares y peinados recogidos a juego.

En un abrir y cerrar de ojos, era la noche anterior al baile formal de primavera. Había invitado a Emma a mi casa para que pudiéramos arreglarnos juntas para el evento. La madre de Emma la dejó en mi casa la noche del baile. Ella trajo su precioso vestido rosa, y yo tenía uno similar en un suave color azul. Mi habitación se había convertido en un salón mientras las dos empezábamos a prepararnos para el evento. Emma y yo nos divertimos mucho mientras nos preparábamos, desde maquillarnos mutuamente hasta peinarnos en elegantes moños.

A las seis de la tarde ya estábamos listas para asistir al baile formal de primavera. Mi madre nos dejó en el colegio. El trayecto hasta la escuela pareció transcurrir muy rápido, pues estábamos muy emocionadas.

Emma y yo salimos del coche al llegar al colegio, recogiéndonos los vestidos para que no tocaran el suelo. Nuestros corazones se aceleraban y nuestros ojos brillaban de emoción. Entramos en el salón comunitario. El ambiente de la sala era estimulante. El techo iluminado, las luces brillando y la música a todo volumen sonando de fondo con todo el mundo en la pista de baile. Nos tomamos un segundo para apreciar las vistas y los sonidos antes de seguir adelante.

Emma y yo estábamos en la pista de baile, disfrutando mientras bailábamos y nos reíamos de los movimientos de baile de la otra. Más de nuestros amigos, incluida Lucy, se unieron a nosotros en el baile. Fue un momento muy divertido con todos a mi alrededor. La confianza que acababa de adquirir me permitía disfrutar y expresarme entre la gente.

Después del baile, todos tomamos un aperitivo organizado por el comité del baile. Menudo festín. Yogur, granola, deliciosos donuts, brochetas de pollo a la parrilla y un enorme plato de fruta. Esa noche me lo comí todo. La confianza y la seguridad en mí misma se notaban hasta en mi apetito.

Cuando terminamos de comer, Emma se me acercó y me preguntó: "¿Cómo estás, Claire? ¿Cómo has estado?".

"Me siento liberada, Emma. Es tan refrescante y nuevo vivir así. Sentía que me estaba perdiendo la oportunidad de llevar una vida sana. Nunca supe que la autoconfianza y la seguridad en uno mismo fueran tan importantes en nuestras vidas".

Emma me escuchó atentamente, con una suave sonrisa en la cara. Ya me daba cuenta de que estaba orgullosa de mí.

"¿Sabes qué, Claire? Estoy muy orgullosa de ti. Desde el principio supe que podías hacerlo. El potencial que tenías era evidente desde el principio. Me encanta cómo has afrontado todo. Deberías estar orgullosa de tu valentía, determinación y resistencia. Sólo necesitabas un empujón, y eso es lo que hice".

"Gracias, Emma. Eres la única amiga de verdad que he tenido en mi vida".

"Siempre serás bienvenida, Claire. ¿Y sabes qué? Yo también encontré una amiga en ti".

Emma y yo nos sentíamos seguras y en confianza la una con la otra. Era la amiga que siempre había estado buscando.

Mientras la noche terminaba con nuestro último baile del año, en mi mente se repetían los recuerdos de todo lo que había aprendido durante el curso. Con una amplia sonrisa en la cara, sintiéndome viva y liberada, repasé todas y cada una de las cosas que Emma me había enseñado.

Recordé cómo me enseñó sobre la autoestima y su significado. Me di cuenta de mi autoestima, lo que en última instancia me ayudó a ganar confianza en mí misma y me proporcionó seguridad en mí misma, aumentando drásticamente mi autoestima.

Mis sesiones con Emma me enseñaron la bondad, la empatía y la compasión. Me volví empática y compasiva con la gente. Me centré más en ayudar a la gente y tratarla con cariño y amor, y noté un cambio drástico en la dinámica de mis relaciones. Las relaciones con mi familia y mis amigos también mejoraron cuando emprendí el viaje de la amabilidad y la empatía.

También aprendí a comunicar mis complicados sentimientos y a compartir las emociones y pensamientos que me resultaba difícil expresar a los demás. Antes no solía expresar lo que sentía o lo que me molestaba, pero empecé a aprender a hablar de ello y me sentí libre de todas las emociones negativas acumuladas en mi interior. Aprendí a hablar y a alzar mi voz interior.

Me infundió un inmenso conocimiento y perspicacia sobre las cosas que debería haber sabido desde el principio. Me aportó una iluminación excepcional que transformó drásticamente mi personalidad. Aprendí a usar mi voz por las razones correctas, lo que no solo me ayudó a mí, sino también a la gente que me rodeaba. Empecé a defender a mis amigos y a mí misma. Me sentí poderosa cuando empecé a expresar lo que pensaba.

Emma y yo estábamos agotadas al final de la noche, pero nos divertimos mucho. Fue una de las mejores noches de mi vida. En el fondo de mi corazón, no quería que terminara.

Disfrutamos al máximo y bailamos como locos sin pensar en lo que nos rodeaba. Sentía que nadie me vigilaba y era libre. Pero ya era hora de volver a casa.

Mi madre tenía que recogernos, así que Emma y yo nos apresuramos hacia la entrada principal.

"Espera... antes de que salgamos y termine el curso escolar, quiero decirte una cosa importante".

"¿Qué cosa, Emma?"

"Recuerda siempre ser agradecida. Te llevará muy lejos".

Justo antes de que mamá viniera a recogernos, Emma me habló de esta única cosa antes de irnos del baile de primavera.

Ser agradecido significa sentirse agradecido por las cosas buenas de nuestra vida. Es algo más que decir "gracias" por costumbre. Se trata de apreciar de verdad lo que tenemos y a las personas que nos rodean. Cuando expresamos gratitud, nos permitimos centrarnos en lo que tenemos en lugar de en lo que no tenemos. Este sencillo cambio de mentalidad puede marcar una gran diferencia en lo felices y satisfechos que nos sentimos.

Cuando practicamos la gratitud, empezamos a darnos cuenta de las pequeñas cosas que hacen que la vida sea agradable. Puede ser un día soleado, una buena comida o una palabra amable de un amigo. Podemos encontrar la felicidad en los momentos cotidianos cuando prestamos atención a estas pequeñas alegrías. Esto nos ayuda a sentirnos más positivos y menos estresados por las cosas que desearíamos poder cambiar.

Además, la gratitud tiene un gran impacto en nuestra salud mental. Ser agradecidos nos permite sentirnos menos deprimidos o ansiosos. Esto se debe a que la gratitud nos anima a pensar en positivo, lo que ayuda a alejar los pensamientos negativos. Cuando nos centramos en lo bueno, nuestro cerebro libera sustancias químicas que nos hacen sentir felices y tranquilos (por eso mi postre favorito es la tarta de chocolate y dulce de leche de autor).

Con el tiempo, estos buenos sentimientos pueden ayudarnos a manejar mejor las situaciones difíciles y a recuperarnos más rápidamente de los problemas.

Otro aspecto positivo de la gratitud es que mejora nuestras relaciones. Cuando decimos a los demás que les apreciamos, les hacemos sentir bien y reforzamos nuestro vínculo con ellos, como nos pasó a Emma y a mí. Cuando les damos las gracias o les mostramos nuestro aprecio, puede influir enormemente en lo cerca que nos sentimos de nuestros familiares, amigos y compañeros de trabajo. La gratitud ayuda a fomentar la confianza y el respeto, que son los cimientos de las relaciones sólidas.

También puede hacernos más conscientes de la situación general. Cuando reconocemos cómo nos han ayudado los demás, vemos lo interconectados que estamos todos. Esto puede inspirarnos a devolver y ayudar a los demás. Cuando estamos agradecidos, es más probable que seamos amables, generosos y solidarios, creando un ciclo positivo que beneficia a todos.

Sentirse agradecido no sólo es bueno para la mente y el corazón, sino también para el cuerpo. Las personas que practican la gratitud se sienten frescas y activadas porque reduce el estrés, que es perjudicial para nuestra salud. Cuando nos sentimos tranquilos y felices, nuestro cuerpo funciona mejor y se mantiene más sano.

Practicar la gratitud no significa ignorar las cosas malas de la vida. Se trata de encontrar el equilibrio y reconocer que, incluso cuando las cosas son difíciles, sigue habiendo cosas buenas que apreciar. Esta visión equilibrada puede ayudarnos a sentirnos más estables y esperanzados, incluso en los momentos difíciles.

Esta nueva perspectiva amplió mi visión de la vida. Reconocí que ser agradecido mejora la vida. Nos ayuda a sentirnos más felices y menos estresados, mejora nuestras relaciones e incluso estimula nuestra salud. Podemos disfrutar más plenamente de la vida centrándonos en las cosas buenas, grandes y pequeñas. La gratitud nos recuerda que siempre hay algo por lo que estar agradecidos, sean cuales sean nuestras dificultades. Esta perspectiva positiva puede mejorar nuestras vidas, haciendo que cada día sea un poco más brillante y significativo.

En unos minutos, justo antes de que mamá viniera a recogernos, Emma me dejó boquiabierta. Nunca había pensado en la gratitud de esta manera. Sólo pensaba que ser agradecido significaba decir "gracias" a alguien o apreciar a alguien.

"Uhhh... Estoy cansada. Me duelen los pies de tanto bailar", dije entre risas, "pero te estoy muy agradecida, Emma. Muchas gracias por hacerme sentir más yo misma".

"De nada. Vale... déjame decirte una cosa más antes de que nos vayamos", dijo, "Tienes que ser "auténticamente tú misma', Claire. No es difícil, créeme".

La miré y comprendí lo que quería decir. Todo lo que había aprendido en mi viaje de tutoría con Emma había ampliado mis perspectivas.

Justo antes de salir del coche, hablamos en profundidad de ser auténticamente tú misma.

Ser tú mismo significa ser fiel a lo que eres, no fingir ser otra persona sólo para encajar o hacer felices a los demás. Es importante ser auténticamente uno mismo porque conduce a una vida más feliz y plena. Te sientes más cómodo y en paz cuando eres fiel a ti mismo. No tienes que preocuparte por mantener una imagen falsa o fingir ser alguien que no eres. Esto hace que la vida sea más sencilla y menos estresante.

Cuando eres tú misma, atraes a las personas adecuadas a tu vida, como me pasó a mí. Emma y yo compartimos el vínculo más hermoso y verdadero, ya que ambas elegimos expresar nuestro verdadero yo a la otra. Nuestro vínculo amistoso se fortaleció porque podíamos ser auténticas y verdaderas, y siempre nos apoyábamos mutuamente cuando lo necesitábamos, especialmente Emma, que me apoyó cuando más lo necesitaba. Se convirtió en mi confidente.

Por lo tanto, debemos recordar siempre que las personas a las que les gustas por lo que eres se sentirán atraídas por ti. Estas relaciones son más genuinas y satisfactorias porque se basan en tu verdadero yo. No tienes que preocuparte por perder amigos o respeto si dejas de fingir. La gente a la que de verdad le importas te apreciará por ser auténtico y te aceptará por lo que eres.

La lección más importante de mi vida es que ser uno mismo también refuerza la confianza en uno mismo. Cuando aceptas y expresas tu verdadero yo, crees en tu valía. Te das cuenta de que no necesitas cambiar quién eres para que te acepten o te valoren. Esto aumenta tu autoestima y te hace sentir más fuerte. Te sientes más cómodo en tu propia piel, lo que te ayuda a afrontar mejor los retos y los contratiempos.

Además, la autenticidad conduce a una mejor toma de decisiones. Cuando te conoces y te aceptas, tomas decisiones que están en consonancia con tus verdaderos valores y creencias. Las opiniones de los demás o la presión de grupo no te influyen. Esto significa que es más probable que tus decisiones te conduzcan a la felicidad y al éxito basadas en lo que realmente te importa.

Ser fiel a uno mismo también fomenta la creatividad y la innovación. Cuando no tienes miedo de expresar tus pensamientos e ideas únicos, puedes idear proyectos creativos y soluciones originales. Pretender ser otra persona puede reprimir tu creatividad porque estás constantemente intentando encajar en un molde que no se corresponde con tu verdadero yo. Abrazar tu auténtico yo permite que florezcan tus talentos e ideas naturales.

Vivir con autenticidad también anima a los demás a hacer lo mismo. Cuando la gente te ve ser fiel a ti mismo, les inspira a serlo también. Esto puede crear un ambiente positivo en el que todos se sientan libres para expresar su verdadero yo. Fomenta la honestidad y la franqueza, lo que conduce a conexiones más profundas y significativas.

Además, ser uno mismo aporta una sensación de paz interior y plenitud. No fingir ni ocultar partes de ti mismo te hace sentir más alineado con tus valores y deseos internos. Esto crea una sensación de armonía y satisfacción en la vida. Es más probable que te sientas contento y feliz porque vives de una manera que es fiel a lo que realmente eres.

En definitiva, aprendí a ser auténticamente yo misma y reconocí lo crucial que es para una vida feliz y plena. Reduce el estrés, refuerza la confianza en uno mismo y ayuda a entablar relaciones auténticas. También aporta paz interior y una profunda sensación de plenitud. Por tanto, acepta quién eres, con todas tus cualidades únicas e imperfecciones. Siendo fiel a ti mismo, creas una vida genuinamente satisfactoria y significativa.

Entonces llegó el momento de salir del coche. Emma y yo pasamos la mejor y más divertida noche juntas desde que nos hicimos amigas. Además, se iba a quedar a dormir, ya que era fin de semana. Habíamos planeado todas las actividades para la noche. Preparé juegos de mesa, videojuegos, nuestra sesión de cotilleos y aperitivos, ¡y estaba emocionadísima!

"Nos vamos a divertir mucho esta noche", exclamé mientras entraba corriendo en casa.

Emma también vino corriendo detrás de mí. Subimos corriendo a mi habitación para ponernos nuestros cómodos pijamas.

Mientras nos divertíamos, me di cuenta del impacto que había tenido en mí una buena tutoría. La liberación que sentía en mi interior era encomiable y se notaba en cómo me comportaba ahora.

Emma y yo nos habíamos convertido en las mejores amigas y nos esperaban muchos años más de amistad.

***

www.ingramcontent.com/pod-product-compliance
Lightning Source LLC
LaVergne TN
LVHW010115170826
845678LV00012B/2421

* 9 7 9 8 2 2 7 8 0 4 5 5 6 *